Zes Assen Astrologie

Zes Assen Astrologie
De zodiak in 6 assen in plaats van 12 tekens
of hoe je tegenoverliggende teken jou compleet maakt
Auteur: © Benjamin Adamah
2023

Vormgeving: Buro Kunst en Drukwerk
ISBN 978-94-92355-63-8

Een uitgave van:

VAMzzz Publishing
Postbus 3340
1001 AC Amsterdam
www.vamzzz.com
vamzzz@protonmail.com

ZES ASSEN
ASTROLOGIE

DE ZODIAK IN 6 ASSEN IN PLAATS VAN 12 TEKENS
OF HOE JE TEGENOVERLIGGENDE TEKEN
JOU COMPLEET MAAKT

Benjamin Adamah

Inhoud

Inleiding

Veel mensen hebben gelezen over hun zodiakteken, maar weinigen beseffen hoe belangrijk het is om het teken te begrijpen dat tegenover hun Zon staat. Door inzicht te krijgen in dit tegenovergestelde teken kun je veel problemen in je leven voorkomen. Zo kunnen mensen met een Ram hun kansen op succes en geluk vergroten door de kwaliteiten van de Weegschaal te integreren, en omgekeerd. Evenzo kunnen de combinaties Stier-Schorpioen, Tweelingen-Sagittarius, Kreeft-Steenbok, Leeuw-Waterman en Maagd-Vissen profiteren van een dieper begrip van hun tegenoverliggende teken. Door de lessen en eigenschappen van deze tegenovergestelde tekens te omarmen, kun je meer harmonie en evenwicht in het leven bereiken.

Hoewel de meeste mensen hun Zonneteken kennen, beschouwen velen astrologie nog steeds als een onzinnig bijgeloof. Er zijn diverse redenen voor dit stigma. De horoscopen in tijdschriften, kranten en op astro-tv zijn bijvoorbeeld niet representatief voor de professionele astrologie. Bovendien zijn de termen 'wekelijkse' of 'maandelijkse horoscoop' verkeerde benamingen, omdat ze slechts algemene 'voorspellingen' of fantasieën bieden van de persoon die ze schrijft. Om astrologie op wetenschappelijk niveau serieus te nemen, moet een volledige analyse worden uitgevoerd op basis van iemands geboortehoroscoop, progressies, solaar-horoscoop en huidige planetaire aspecten, met inbegrip van asteroïden en gevoelige punten zoals de Zwarte Maan, Maansknopen, enz. Het resultaat is dan een zeer uitvoerige, diepgaande en kloppende analyse van je karakter, wezen en onderhuidse stromingen.

Echter een van de belangrijkste – en meest verwaarloosde – aspecten van de astrologie betreft de relatie tussen je Zonneteken en het teken dat hier pal tegenover staat. En daar gaat dit boekje over. De reden waarom het tegenover liggende teken een blinde vlek is moet worden gezocht in het cyclisch kijken naar de zodiaktekens als een opvolgende reeks van 12 tekens. Maar voor een veel beter begrip en een veel hogere praktische toepasbaarheid van astrologie moeten we niet denken in 12 tekens, maar in termen van 6 assen van tegenover elkaar liggende tekens. Het onbewuste van ieder teken is namelijk het tegenover liggende teken en vice versa. Zolang wij de krachten van het teken tegenover onze Zon (maar ook het tegenoverliggende teken van ons Maanteken en onze ascendant) niet integreren in ons bewustzijn en handelen, blijkt dit tegenoverliggende teken als een innerlijke of uiterlijke saboteur werken. Wordt het teken wel volledig deel van ons leven dan is het juist een zegen en een kracht die voor flow zorgt!

Met 'je sterrenbeeld' wordt 'je teken' bedoeld
In dit boek hebben we het over *tekens* in plaats van *sterrenbeelden*. Hoewel er in de westerse astrologie al zo'n 2000 jaar met – een uit 12 tekens opgebouwde – tropische zodiak wordt gewerkt inplaats van met de oudere sterrenbeeldenzodiak of *siderische zodiak*, is hier veel verwarring over. Het is daarom zinvol er kort iets over uit te leggen.

De tropische dierenriem of zodiak is al heel lang de manier waarop de westerse astrologie de twaalf tekens van de dierenriem definieert. De tropische zodiak is gebaseerd op de positie van de Zon ten opzichte van de Aarde en wordt gemeten vanaf het lentepunt, het punt waar de Zon de evenaar kruist op de eerste dag van de lente op het noordelijk halfrond. Vanaf dit punt worden 12 gelijke tekens van 30 graden getrokken, te beginnen bij Ram en eindigend in Vissen.

Deze manier van indeling van de dierenriemtekens werd voor het eerst gebruikt door de oude Griekse astronoom Hipparchus in de tweede eeuw voor Christus. In de loop der eeuwen heeft de westerse astrologie de tropische zodiak aangenomen en tot op de dag van vandaag wordt deze nog steeds gebruikt. Het is wat verwarrend, maar waar in het westen over 'je sterrenbeeld' wordt gesproken, wordt dus al eeuwen 'je (zodiak)teken' bedoeld, dat rekenkundig bepaald is en *niet* op zichtbare sterren is gebaseerd. Hipparchus construeerde deze zodiak omdat er in de Oudheid nooit een consensus is geweest waar precies een sterrenbeeld ophield en het volgende sterrenbeeld begon. De tropische zodiak dankt zijn naam aan het Griekse tropos (bewegen) en heet zo omdat het beginpunt 0 Ram is, gerelateerd aan het Lentepunt, dat weer ontstaat door het schommelen (bewegen) van de Aard-as. Dit door Hipparchus ontdekte systeem brengt de macro- en microkosmos interacties veel nauwkeuriger en betrouwbaarder in kaart dan het oude systeem. Vandaar dat het snel de norm werd binnen de astrologie.

Je tegenovergestelde teken is je complementaire teken

Vanwege deze historische verandering is het beter om te spreken over zodiaktekens in plaats van sterrenbeelden. Het gebruik van de term sterrenbeeld is in de astrologie echter ingeburgerd geraakt en wordt nog steeds veelvuldig gebruikt. Als je mensen vraagt naar hun 'sterrenbeeld' (wat dus een verkeerde benaming is, want het verwijst naar een *(zodiak)teken* en niet naar een sterrenbeeld), antwoorden ze meestal met uitspraken als "Ik ben Tweelingen", "Ik ben een Maagd", "Ik ben een Boogschutter", of "Ik ben een Leeuw", enz. Wat maakt deze reactie zo problematisch? Wel, de positie van de Zon (je 'bewuste ik') ten tijde van je geboorte geeft aan onder welk zodiakteken je geboren bent, maar dit is slechts één van de vele factoren die je karakter, wezen en individuatieproces bepalen.

Je Zonneteken wordt aanvankelijk 'tegengewerkt' door het teken dat de kwaliteiten van je Zonneteken aanvult en in je persoonlijkheid wil integreren. Iedereen maakt dit proces door, waarbij hetgeen we eerst als tegenwerkende krachten ervaren, in wezen *latente krachten zijn die manifest moeten worden om onze 'ik' compleet te maken.* Helaas ervaren de meeste mensen dit tegengestelde teken daarom als een tegenkracht in plaats van een assisterende kracht. Zo kunnen Weegschalen Rammen zien als egoïsten die hen altijd onbehouwen voor de voeten lopen, kunnen Stieren Schorpioenen zien als wezens die enkel in macht en manipulatie geïnteresseerd zijn, en vinden Steenbokken dat Kreeften overgevoelige, emotionele zeurpieten zijn, enz. Dit soort denken overlapt het concept van dualiteit. Dualiteit is echter een menselijke uitvinding. In de astrologie en de natuur bestaat er niet zoiets als dualiteit.

Net zoals een kunstenaar weet dat geel de paarse tinten (die op de kleurencirkel tegenover geel staan) versterkt, moeten wij leren schijnbaar tegengestelde elementen van onze geboortehoroscoop samen te brengen. In plaats van te werken met slechts 12 tekens, kunnen we ons richten op de 6 assen van elk 2 tekens, die elkaar aanvullen en versterken. Door het teken te bestuderen dat tegenovergesteld is aan het onze, kunnen we waardevolle inzichten krijgen in ons karakter, ons leven en onze bestemming. Het is belangrijk op te merken dat deze benadering door veel astrologen vaak wordt genegeerd, maar het kan veel meer werkbare kennis opleveren dan een klassieke horoscoopinterpretatie. Uiteindelijk is het leren om deze complementaire elementen in synergie (win-win samenwerking) te brengen de sleutel tot het ontsluiten van het volledige potentieel van onze geboortehoroscoop.

DE ZES ZODIAKALE ASSEN ZIJN:

1. **Ram – Weegschaal as**: Ram vertegenwoordigt het zelf en Weegschaal vertegenwoordigt de ander. Door de behoeften van het zelf en de behoeften van anderen in evenwicht te brengen, kun je harmonieuze relaties creëren en conflicten vermijden.

2. **Stier – Schorpioen as**: Stier staat voor stabiliteit en Schorpioen voor transformatie. Door verandering te omarmen en zich aan te passen aan nieuwe situaties, kun je meer stabiliteit en zekerheid bereiken.

3. **Tweelingen – Boogschutter as**: Tweelingen staat voor communicatie en Boogschutter voor verkenning. Door effectief te communiceren en nieuwe ervaringen op te doen, kun je je kennis en begrip van de wereld uitbreiden.

4. **Kreeft – Steenbok as**: Kreeft staat voor emoties en Steenbok voor praktische zaken. Door emoties in evenwicht te brengen met praktische zaken, kun je beter je doelen bereiken terwijl je een gezonde emotionele toestand behoudt.

5. **Leeuw – Waterman as**: Leeuw staat voor individualiteit en Waterman voor gemeenschap. Door je individualiteit uit te drukken en tegelijkertijd bij te dragen aan je gemeenschap, kun je persoonlijke voldoening bereiken terwijl je een positieve invloed hebt op de wereld.

6. **Maagd – Vissen as**: Maagd staat voor analyse en Vissen voor intuïtie. Door analytisch denken te combineren met intuïtie, kun je betere beslissingen nemen en jezelf en de wereld om je heen beter begrijpen.

We bespraken eerder de betekenis van de positie van de Zon (je bewuste 'ik') in de horoscoop. Het is echter belangrijk om de Maan en ascendant ook te bekijken. De Zon vertegenwoordigt je kernidentiteit, levensdoel en bewuste ik, terwijl de Maan emoties, gevoelens en instincten symboliseert en de persona. De ascendant, ook bekend als het rijzende teken, weerspiegelt onze uiterlijke persoonlijkheid, eerste indruk, en hoe we op anderen overkomen. Deze drie elementen zijn onderling verbonden in een geboortehoroscoop, en hun plaatsing in de horoscoop kan inzicht geven in iemands persoonlijkheidskenmerken, sterke en zwakke punten, en uitdagingen in het leven. De combinatie van de Zon, Maan en ascendant schetst ook ons algemene karakter en temperament en onze innerlijke motivaties.

Onze reis naar zelfbewustzijn, van geboorte tot dood, omvat een proces van het *defragmenteren* van onze geest en compleet worden. Dit houdt in dat de dingen die vanaf onze eerste levensjaren werden 'uitgesloten', ontweken, of in zekere zin in de wacht werden gezet, opnieuw worden geïntegreerd. Onze geboortehoroscoop is een template die ons een noodzakelijk eerste houvast geeft, maar verder bestaat ons leven uit een doorlopend proces. Zes Assen Astrologie is een snelle en effectieve methode om de belangrijkste ontbrekende stukken en onvolkomenheden in dit proces in kaart te brengen.

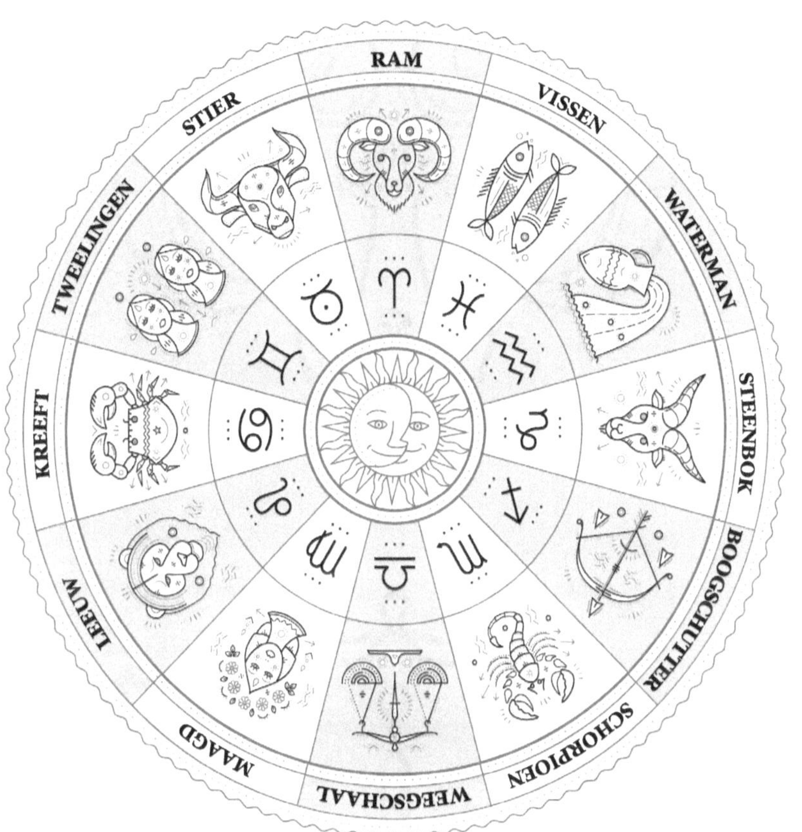

STIER
RAM
VISSEN
TWEELINGEN
WATERMAN
KREEFT
STEENBOK
LEEUW
BOOGSCHUTTER
MAAGD
SCHORPIOEN
WEEGSCHAAL

Ram – Weegschaal as

Voor wie geboren is onder het teken Ram (21 maart - 19 april)
of Weegschaal (23 september - 22 oktober)

De Ram-Weegschaal as vertegenwoordigt het evenwicht tussen jezelf en de ander. Ram vertegenwoordigt het zelfbesef, onafhankelijkheid en assertiviteit, terwijl Weegschaal staat voor relaties, harmonie en diplomatie. De Ram-Weegschaal as gaat ook over de relatie tussen actie en gevolg. De Ram-Weegschaal as houdt zich fundamenteel bezig met het bevorderen van sociale synergie, een delicaat evenwicht tussen individuele vrijheid en de collectieve behoefte aan harmonie en productiviteit.

Bekende mensen geboren onder Ram:

Lady Gaga - March 28, 1986
Robert Downey Jr. - April 4, 1965
Elton John - March 25, 1947
Marlon Brando - April 3, 1924
Emma Watson - April 15, 1990
Mariah Carey - March 27, 1970
Diana Ross - March 26, 1944
Jackie Chan - April 7, 1954
Russell Crowe - April 7, 1964
Sarah Jessica Parker - March 25, 1965

Bekende mensen geboren onder Weegschaal:

Kim Kardashian - October 21, 1980
Hugh Jackman - October 12, 1968
Cardi B - October 11, 1992
Mahatma Gandhi - October 2, 1869
Serena Williams - September 26, 1981
Will Smith - September 25, 1968
Alicia Vikander - October 3, 1988
Martin Heidegger - September 26, 1889
Guillermo del Toro - October 9, 1964
John Lennon - October 9, 1940

RAM

Als Ram kun je je leven aanzienlijk upgraden door deze Weegschaal-kwaliteiten te integreren:

- **Diplomatie**: Rammen kunnen profiteren van het toepassen van meer diplomatie in hun interacties met anderen. Rammen zijn van zichzelf heel direct, maar soms heeft een communicatieproces of contactlegging iets meer tijd nodig.
- **Samenwerking**: Rammen hebben de neiging onafhankelijk en zelfredzaam te zijn, maar het inbouwen van meer samenwerking en coöperatie kan leiden tot meer succes in persoonlijke en professionele relaties en dus een snellere vooruitgang.
- **Rechtvaardigheid**: Weegschalen staan bekend om hun gevoel voor rechtvaardigheid, en Rammen kunnen profiteren van het overnemen van deze kwaliteit in hun eigen besluitvormings-processen om de kans op 'ik eerst-uitglijders' te minimaliseren.
- **Compromis**: De Ram kan de neiging hebben koppig en onbuigzaam te zijn. Leren om compromissen te sluiten leidt tot meer succesvolle resultaten tijdens conflicten en onderhandelingen.
- **Evenwicht**: Weegschaal is het teken van evenwicht, en het opnemen van deze kwaliteit kan de Ram helpen een burn-out te voorkomen en een groter algemeen evenwicht in hun leven te vinden.
- **Sociale vaardigheden**: Ram kan soms overkomen als brutaal of ongevoelig. Het eigen maken van meer sociale vaardigheden en etiquette kan helpen deze ruwe randen glad te strijken.
- **Partnerschap**: Ram kan leren van de nadruk die Weegschaal legt op partnerschappen en relaties, en kan profiteren van het opbouwen en onderhouden van betekenisvolle verbindingen met anderen. Omdat individuele vrijheid en ontwikkeling essentieel zijn voor de aard van de Ram, kunnen relaties en de daarbij behorende verantwoordelijkheden intimiderend zijn. Toch kan het cultiveren van positieve relaties met anderen aanzienlijk bijdragen aan de

persoonlijke groei van de Ram en zijn mogelijkheden vergroten.

WEEGSCHAAL

Als Weegschaal kun je je leven aanzienlijk verbeteren door deze Ram-kwaliteiten te integreren:

- **Doortastendheid en initiatief**: Rammen staan bekend om hun doortastendheid en vastberadenheid. Ze zijn ook proactief en nemen het initiatief om hun doelen te bereiken. De Weegschaal kan hiervan profiteren door dezelfde drive en ambitie over te nemen om meer succes te behalen in haar persoonlijke en professionele leven.
- **Zelfvertrouwen**: Rammen hebben een sterk zelfvertrouwen dat inspirerend kan zijn voor de Weegschaal, die soms worstelt met besluiteloosheid of zelftwijfel.
- **Onafhankelijkheid**: Rammen zijn erg onafhankelijk en zelfstandig, wat voor de Weegschaal een nuttige kwaliteit kan zijn om niet te afhankelijk te worden van anderen.
- **Moed**: Rammen zijn niet bang om risico's te nemen of uitdagingen rechtstreeks aan te gaan, en de Weegschaal kan hiervan profiteren door dezelfde moed en dapperheid in haar eigen leven over te nemen.
- **Passie**: Rammen staan bekend om hun intense passie en enthousiasme, en door meer van deze kwaliteit over te nemen kan de Weegschaal haar doelen met meer enthousiasme nastreven.
- **Assertiviteit**: Rammen zijn niet bang om hun mening te uiten en op te komen voor waar ze in geloven, en de Weegschaal kan hiervan profiteren door dezelfde vastberadenheid en bereidheid om zichzelf te verdedigen te ontwikkelen.
- **Individuele behoeften**: Rammen kunnen de moed tonen om relaties te beëindigen die niet langer bijdragen aan de persoonlijke groei en vrijheid van beide partners. Aan de andere kant kan de aangeboren behoefte aan harmonie van de Weegschaal soms averechts werken als de relatie niet langer op een gezonde basis

staat. Het is belangrijk voor de Weegschaal om te erkennen wanneer een relatie haar individuele groei belemmert en de moeilijke beslissing te nemen om verder te gaan, zelfs als dit betekent dat de vrede verstoord wordt.

RAM & WEEGSCHAAL BETER BEGRIJPEN

Als iemand mij vraagt of ik in reïncarnatie geloof, kan ik met een gerust hart zeggen dat het voor mij eigenlijk onmogelijk is geworden om het bestaan ervan *niet* aan te nemen. Als astroloog ben ik uiteraard zeer vertrouwd met de Maansknopen-as. Veel westerse astrologen zijn tot de conclusie gekomen dat de zuidelijke Maansknopen een residu bevatten van vorige incarnaties, terwijl de noordelijke Maansknopen de richting aangeven van de huidige incarnatie. Er treedt voortdurend een balancerend effect op tussen de twee.

Het is interessant dat, ondanks de statistische logica, meer dan 60% van mijn cliënten voor wie ik de afgelopen drie decennia handmatige horoscooplezingen heb gedaan, de zuidelijke Maansknoop in Ram en/of het overeenkomstige eerste huis hadden staan en de noordelijke Maansknoop in Weegschaal en/of het overeenkomstige zevende huis. Dit wijst erop dat de Weegschaal-Ram as het meest problematisch is wat betreft de posities van de Maansknopen in de dierenriem. Het diepste drama in onze ziel ontvouwt zich vaak voor een groot deel via de Maansknopen-as, en negatieve trekken en manifestaties van het ene teken en huis worden in evenwicht gehouden door de positieve van het andere teken en huis, in alle 24 mogelijke teken/huis-combinaties.

Negatieve eigenschappen van de Ram zijn egoisme, grofheid, geweld en lafheid in de omgang met emoties. Positieve eigenschappen zijn moed, pioniersgeest, vrijheid en een positief zelfgevoel tegenover druk van buitenaf. Ram is daarbij een buitengewoon pro-actief teken, dat door deze houding de meeste tegenslag snel overwint.

Horoscopen met een Zuidelijke Maansknoop in Weegschaal en een Noordelijke Maansknoop in Ram kunnen eveneens problematisch zijn. Personen met deze plaatsing hebben namelijk de neiging hun eigen behoeften te veel te negeren om anderen een plezier te doen. Deze aanpak leidt tot de opeenstapeling van veel verborgen frustraties en zal zich onvermijdelijk uiten op allerlei negatieve manieren zoals sarcasme en in zeldzame gevallen zelfs sadisme. Het zal in dit verband duidelijk zijn dat synergie tussen Ram en Weegschaal voor beide tekens even nuttig is.

De Weegschaal-Ram as draait in wezen om de begrippen 'ik' en 'jij', 'van mij' en 'van jou', 'wij' en 'zij'. Weegschaal benadrukt partnerschap, samenwerking en delen, terwijl Ram staat voor de eerste levensvonk van het individu en een instinct tot zelfbehoud, identiteitsontwikkeling en een behoefte aan vrijheid. De ruwe energie van de Ram ondergaat een proces van cultivering, altijd met een onderstroom van het verlangen om ergens de leiding over te nemen. Anderzijds vertegenwoordigt Weegschaal beschaafde energie die dwingt een deel van zichzelf op te geven in een proces van bewustzijnsgroei. Dit is in een paradox ook een proces waarin individuen, door hun eigen ik en beperkingen te overstijgen, hun wezen uitbreiden. Een van de manieren waarop dit proces plaatsvindt, is door een relatie aan te gaan.

Veel mensen geloven ten onrechte dat Weegschaal een superieur zodiakteken is ten opzichte van Ram, vanwege het meer 'beschaafde imago'. Echter, alle tekens hebben zowel positieve als negatieve eigenschappen, en geen van hen is inherent goed of slecht.

De hele geschiedenis door hebben systemen – of ze nu religieus, economisch of politiek zijn – zich bemoeid met het natuurlijke proces van zelfverwerkelijking en zelfontplooiing dat bij ieder individu bestaat. Deze inmenging heeft uitgebreid menselijk lijden veroorzaakt, revoluties en oorlogen, ongeacht de rechtvaardigingen die gebruikt werden en worden. Missionarissen en bedrijven hebben bijvoorbeeld geprobeerd om 'onbeschaafde' derdewereldlanden te 'beschaven' (een negatieve eigenschap geassocieerd met Weegschaal) door westerse waarden op te leggen aan unieke niet-westerse culturen zonder rekening te houden met hun eigen karakteristieken. Dit leidt, tot aan vandaag, onafgebroken tot conflicten en geweld (een negatieve eigenschap geassocieerd met Ram), alsook massaal optredende, vooral onderhuids smeulende, identiteitscrises, door gevoelens van ontworteling.

In een langdurige relatie is het belangrijk om een balans te vinden tussen delen en opofferen voor het grotere goed (Weegschaal), terwijl er ook ruimte wordt gegeven voor individuele groei en zelfontdekking (Ram). De gezondste relaties zijn die waarin partners bewust elkaars persoonlijke ontwikkeling aanmoedigen en ondersteunen. Om evenwicht te bereiken, is het essentieel om zowel Venusiaanse als Martiaanse energieën in gelijke mate te integreren. In de westerse cultuur wordt de planeet Mars echter vooral geassocieerd met oorlog en agressie, waardoor de holistische rol wordt genegeerd en de kwaliteiten zoals moed en onverschrokken confrontatie worden ondergewaardeerd. Dat het omarmen van deze Mars-kwaliteiten juist essentieel is voor echte spirituele groei, zal iedereen die eerlijk tegenover zichzelf is moeten erkennen.

De Griekse filosoof Empedocles ontwikkelde een belangrijk filosofisch concept dat draaide om wat later werd gezien als het schijnbare conflict tussen Mars, de heerser van Ram, en Venus, de heerser van Weegschaal. Het belangrijkste idee was dat *alleen de samenwerking* van de krachten van strijd of differentiatie (Neikos; Mars) en liefde of verbinding (Philia; Venus) het leven mogelijk maakte. Als alleen strijd heerste, was het leven onmogelijk, en als alleen liefde heerste, was het leven ook onmogelijk. Daarom was het noodzakelijk om een dynamische harmonie te handhaven tussen de principes van strijd/differentiatie en liefde/verbinding. De dood trad op wanneer een van beide principes dominant werd. Deze waarheid is voor iedereen een open deur die een gelukkig huwelijk, goede relatie of partnerschap heeft, omdat elkaar ondersteunen en koesteren zonder verstikking essentieel is voor vruchtbare interactie.

In tegenstelling tot de latere stigmatisering van Mars tot oorlogs- en strijdplaneet, werden daarom zowel Venus (de heerser van Weegschaal) als Mars (de heerser van Ram) in het oude Griekenland, juist beide gezien als beschermers van harmonie en werden ze opgenomen in de *Harmozontai*-klasse van goden (brengers van harmonie). Dit verlichte concept van realiteit is vaak afwezig in moderne relaties en organisaties. Dit concept wordt verder ook niet begrepen binnen de hedendaagse mainstream-spiritualiteit, die enkel naar 'verbinding' (Venus/Weegschaal) streeft. Zonder Mars sterft 'verbinding' juist door een mutatie die enkel verstikking overlaat. Big Brother-systemen willen een radicale verbinding en werken om die reden als een doodsgolf.

Een vergelijkbare stigmatisering als Ram-heerser Mars viel Saturnus ten deel, die samen met Mars ook werd bestempeld als een 'malefic', kwaadaardig en negatief, terwijl Venus en Jupiter werden beschouwd als weldoeners of positieve planeten, ofwel de 'benefics'. De misvatting van Mars en Saturnus ontstond echter niet in de oudheid, maar binnen de christelijke dogma's van de Middeleeuwen, en deze misvatting houdt vandaag de dag dus nog steeds stand.

Wanneer de as Ram-Weegschaal zich problematisch voordoet is dit meestal omdat Ram het *eigen belang* vertegenwoordigt, terwijl weegschaal het *gezamenlijk belang* vertegenwoordigt. Dit schept een natuurlijke spanning tussen het zelf en anderen. Op een dieper esoterisch niveau vertegenwoordigt Ram de vonk en de wil van het leven, terwijl Weegschaal staat voor de symbolische 'dood' van het persoonlijke zelf en de geboorte van ware verbinding.

Het teken Weegschaal symboliseerde oorspronkelijk de ondergaande Zon. In Ram wordt de energie en invloed van de Zon versterkt, vooral in de 19e graad van Ram. In tegenstelling daarmee is de Zon het zwakst in Weegschaal, vooral in de 19e graad van Weegschaal waar deze in zijn zogeheten 'val' staat. De Zon gaat ook door *Via Combusta* (de verbrande weg). Dit deel van de zodiak strekt zich uit over de laatste 15 graden van Weegschaal en de eerste 15 graden van Schorpioen en is een zone waar Zon en Maan de minste invloed hebben en Mars en Saturnus het meest.

De Zon vertegenwoordigt onze kernidentiteit, waardoor het een uitdaging is om Ram en Weegschaal in synergie te brengen. Valse spirituele systemen die ego met egoïsme gelijkstellen, maken het allemaal nog ingewikkelder. Daarnaast helpt de 21ste-eeuwse trend van 'pakken wat je nog kunt pakken' onder voortdurende dreiging van crises niet bij de emancipatie van deze twee zodiaktekens.

Het balanceren van geven en nemen in een relatie of samenwerking zou geen ontmoedigende taak moeten zijn. Door dit op een redelijke manier te doen en te begrijpen waarom het essentieel is voor succes, kom je een heel eind. Hetzelfde geldt voor het creëren van een ideale samenleving die beschaving vermengt met persoonlijke ruimte voor individualisatie, waardoor de kernkwaliteiten van individuen kunnen bloeien zonder ze te verstikken voor economisch gewin of politieke belangen. De relatie tussen cultuur en wildernis moet in balans zijn om te voorkomen dat deze kantelt naar de verkeerde kant. In plaats van te opereren in polariteit, moeten Weegschaal en Ram in een wederzijds voedende correlatie worden gebracht om deze balans te bereiken.

SAMENVATTING VAN DE POSITIEVE EIGENSCHAPPEN VAN RAM & WEEGSCHAAL

RAM

Ram is het eerste teken van de zodiak en het eerste Vuurteken. Het legt de nadruk op assertiviteit en moed. In het dagelijks leven en op werelds niveau heerst de Ram over een nieuw begin, leiderschap, ondernemerschap, innovatie, persoonlijke ontwikkeling, sport, leger, constructie, metaalbewerking en mechanica. Hier zijn 10 positieve kwaliteiten en eigenschappen van het teken Ram:

1. **Leiderschapskwaliteiten**: Rammen zijn natuurlijke leiders die zelfverzekerd zijn, assertief en niet bang om risico's te nemen. Ze hebben een sterk verlangen om de leiding te hebben en zijn vaak succesvol in machtsposities.
2. **Moed**: Rammen staan bekend om hun moed. Ze zijn niet bang om op te komen voor waar ze in geloven en zijn vaak bereid om uitdagingen en confrontaties aan te gaan.
3. **Onafhankelijkheid**: Rammen waarderen hun onafhankelijkheid en vrijheid, zowel in hun persoonlijke als professionele leven. Ze hebben een sterk gevoel voor individualiteit en zijn niet bang om tegen de status quo in te gaan.
4. **Energie**: Rammen staan bekend om hun hoge energie en enthousiasme. Zij benaderen het leven met passie en daadkracht en zijn altijd onderweg.

5. **Pioniersgeest**: Rammen zijn vaak creatief en innovatief en hebben aanleg om buiten de kaders te denken. Zij hebben een natuurlijk vermogen om met nieuwe ideeën en oplossingen voor problemen te komen. Deze talenten in combinatie met hun moed geven hen een pionierskarakter. Veel grote ontdekkingsreizigers werden door dit teken aangedreven.

6. **Spontaniteit**: Rammen leven graag in het moment en gedijen vaak bij spontaniteit. Ze zijn impulsief en avontuurlijk, altijd op zoek naar nieuwe ervaringen en mogelijkheden.

7. **Eerlijkheid**: Rammen staan bekend om hun eerlijkheid en directheid. Zij waarderen waarheid en integriteit en zijn meestal niet bang om voor hun mening uit te komen.

8. **Optimisme**: Rammen hebben een overwegend positieve levenshouding en zien het beste in mensen en situaties. Ze zijn optimistisch en hoopvol, zelfs bij tegenslag.

9. **Gedreven**: Rammen zijn gedreven en intens, zowel in hun persoonlijke als professionele leven. Ze benaderen veel wat ze doen met een gevoel van enthousiasme en opwinding.

10. **Loyaliteit**: Rammen kunnen zeer trouw zijn aan hun geliefden en zijn bereid alles te doen om hen te beschermen en te steunen. Ze waarderen loyaliteit en verwachten die ook terug.

WEEGSCHAAL

Weegschaal is het zevende teken van de zodiak. De symbolische weegschaal weerspiegelt de nadruk op evenwicht en harmonie. Op werelds niveau heerst Weegschaal over diplomatie, relaties, schoonheid, esthetiek, recht, rechtvaardigheid, advies, design, mode, luxegoederen en de schone kunsten. Hier zijn 10 positieve eigenschappen en kenmerken die verbonden zijn met het teken Weegschaal:

1. **Diplomatie**: Weegschalen staan bekend om hun vermogen om

te bemiddelen en te onderhandelen, waardoor ze uitstekende diplomaten en vredestichters zijn. Ze hebben een natuurlijk talent om beide kanten van een situatie te begrijpen en een gemeenschappelijke basis te vinden.

2. **Charme**: Weegschalen worden vaak beschreven als charmant, aantrekkelijk en charismatisch. Ze slagen erin anderen op hun gemak te stellen en zich in hun aanwezigheid op hun gemak te voelen.

3. **Sociale vaardigheden**: Weegschalen zijn graag in de buurt van mensen en zijn bedreven in het maken van vrienden. Ze zijn goede gesprekspartners en weten anderen zich gehoord en gewaardeerd te laten voelen.

4. **Eerlijkheid**: als teken van evenwicht en rechtvaardigheid hebben Weegschalen een sterk gevoel voor eerlijkheid en streven ze ernaar iedereen gelijk te behandelen. Ze pleiten vaak voor sociale rechtvaardigheid en gelijkheid.

5. **Creativiteit en esthetiek**: Weegschalen staan bekend om hun creativiteit en artistiek talent. Ze hebben oog voor schoonheid en voelen zich vaak aangetrokken tot de kunsten, waaronder muziek, dans en beeldende kunst.

6. **Intelligentie**: Weegschalen zijn intelligent en analytisch, met een sterk vermogen om situaties te observeren en te analyseren. Ze zijn vaak goed in het oplossen van problemen en het vinden van innovatieve oplossingen.

7. **Samenwerking**: Weegschalen voelen zich prettig in een samenwerkingsomgeving en werken graag samen met anderen om een gemeenschappelijk doel te bereiken. Zij zijn teamspelers en blinken uit in groepen.

8. **Vriendelijkheid**: Weegschalen staan bekend om hun vriendelijkheid en goede manieren. Ze hebben een natuurlijk gevoel voor etiquette en weten hoe ze zich in sociale situaties moeten gedragen.

9. **Harmonie**: Weegschalen waarderen harmonie en streven naar evenwicht op alle gebieden van hun leven. Ze voelen zich vaak aangetrokken tot vredige omgevingen en proberen conflicten te vermijden.

10. **Romantiek**: Weegschalen zijn vaak romantisch en houden ervan verliefd te zijn. Het zijn gevoelige en liefdevolle partners en hechten veel waarde aan emotionele verbondenheid in hun relaties.

SAMENVATTING VAN DE NEGATIEVE EIGENSCHAPPEN VAN RAM & WEEGSCHAAL

RAM

1. **Ongeduldig**: Rammen kunnen erg ongeduldig zijn, vooral als ze iets willen of als dingen niet snel genoeg gaan.

2. **Impulsief**: Rammen kunnen impulsief zijn en handelen voordat ze goed hebben nagedacht. Dit kan soms leiden tot slechte beslissingen.

3. **Agressief** en provocerend: Rammen kunnen agressief en confronterend zijn, vooral als ze zich uitgedaagd voelen. Ze kunnen uit zichzelf ook erg provocerend worden.

4. **Egocentrisch**: Rammen kunnen egocentrisch zijn en hebben de neiging hun eigen behoeften en verlangens boven die van anderen te stellen. De minder ontwikkelde Ram-types kunnen erg egoïstisch en onbeleefd zijn in hun handelingen en zich niet om anderen bekommeren.

5. **Koppig**: Rammen kunnen koppig zijn en niet bereid zijn van gedachten te veranderen of compromissen te sluiten over belangrijke kwesties.

6. **Arrogant**: Rammen kunnen arrogant zijn en geloven dat ze altijd gelijk hebben. Ze kunnen moeite hebben met het accepteren van

feedback of kritiek van anderen.

7. **Angst voor emoties**: Rammen kunnen erg moedig zijn, maar ook erg bang om met de realiteit van emoties en gevoelens om te gaan. Ze hebben de neiging om bepaalde emotionele zelfconfrontaties te vermijden. Ook zaken die onder de kop laterale intelligentie vallen, worden door negatieve Rammen sterk vermeden.

8. **Onoprecht**: de minder ontwikkelde Ram-types kunnen overdreven gefocust zijn op het bereiken van hun doelen of het winnen van wedstrijden, zelfs als daarvoor oneerlijke tactieken nodig zijn.

9. **Gebrek aan concentratie**: Rammen kunnen een gebrek aan concentratie hebben en moeite hebben om langetermijnprojecten of -doelen na te streven.

10. **Twistziek**: Rammen kunnen twistziek zijn en houden ervan om met anderen te debatteren of te discussiëren. Ze kunnen soms overdreven agressief of defensief worden in deze situaties.

WEEGSCHAAL

1. **Besluiteloos**: De Weegschaal kan besluiteloos zijn en moeite hebben met het nemen van beslissingen, vooral als er meerdere opties zijn.

2. **Verkapte zelf-wegcijfering**: Weegschalen kunnen de neiging vertonen de behoeften en verlangens van anderen onevenwichtig veel boven die van henzelf te stellen, wat echter kan leiden tot frustraties die later vervormd tot uiting komen.

3. **Oppervlakkig**: Weegschalen kunnen oppervlakkig zijn en stellen dan uiterlijk en sociale status boven diepere waarden of kwaliteiten.

4. **Manipulatief**: Weegschalen zijn bedreven in het gebruik van hun deskundigheid om anderen te overtuigen en steun te krijgen voor hun doelen. Ze hebben een natuurlijke charme waarmee ze mensen voor zich kunnen winnen en hun ideeën effectief kunnen

overbrengen. Bij weerstand zijn ze bedreven in het beïnvloeden en overtuigen van anderen en kunnen ze meesters zijn in manipulatie.

5. **Vermijdend of onbetrouwbaar**: Weegschalen kunnen vermijdend zijn en conflicten, confrontaties of moeilijke gesprekken uit de weg gaan. Deze eigenschap kan hen ook onbetrouwbaar maken als het moeilijk wordt.

6. **Genotzuchtig**: Weegschalen geloven, net als het andere Venus-teken Stier, er heilig in dat ze ten volle van het leven moeten genieten. Hierdoor kunnen ze voortdurend op zoek zijn naar plezier, prioriteit geven aan hun eigen geluk en kunnen ze soms egoïstisch handelen.

7. **Confrontatieangst**: Weegschalen hebben de neiging om confrontaties te vermijden en vinden het moeilijk om voor zichzelf of voor hun overtuigingen op te komen. Confrontaties verstoren vaak een harmonie, maar een schijnbare vrede is natuurlijk ook geen harmonie. Als hun Mercurius in Schorpioen staat, kan deze eigenschap minder uitgesproken zijn.

8. **Inconsistent**: Weegschalen kunnen inconsistent zijn en hebben de neiging om vaak van gedachten te veranderen. Weegschalen zijn vaak enthousiast tijdens de planningsfase van een project, maar ze kunnen het momentum verliezen en slordig worden bij de uitvoering. Ze kunnen dan proberen om een gemakkelijke uitweg te vinden in plaats van de problemen frontaal aan te pakken, wat kan leiden tot onvolledige en slordige resultaten. Dit delen ze met de overige Luchttekens.

9. **Afhankelijk van elkaar**: Weegschaal kan mede-afhankelijk zijn en de neiging hebben om te sterk op anderen te vertrouwen voor validatie en steun.

10. **Zelftwijfel**: Weegschalen kunnen moeite hebben met het overwinnen van zelftwijfel, wat resulteert in een gebrek aan vertrouwen in hun eigen oordeel en moeite om hun emoties en

behoeften direct te uiten. Deze frustratie kan soms leiden tot passief-agressief gedrag tegenover anderen.

Stier – Schorpioen as

*Voor wie geboren is onder het teken Stier (20 april - 20 mei)
of Schorpioen (23 oktober - 21 november).*

De Stier-Schorpioen as vertegenwoordigt een delicaat
evenwicht tussen stabiliteit en transformatie. Stier
wordt geassocieerd met stabiliteit, materieel comfort en
sensualiteit, terwijl Schorpioen transformatie, emotionele
intensiteit en diepgang belichaamt. Terwijl de Stier het
vermogen heeft om uit het niets iets te creëren, zorgt
de Schorpioen ervoor dat wat gecreëerd wordt ook tot
voltooiing wordt gebracht. Samen zijn deze tekens in staat
tot een krachtige synergie, die het belang benadrukt van
zowel het vasthouden aan wat betrouwbaar en comfortabel
is, als de behoefte aan verandering en groei.

Bekende mensen geboren onder Stier:

Adele - May 5, 1988
Dwayne "The Rock" Johnson - May 2, 1972
George Clooney - May 6, 1961
Queen Elizabeth II - April 21, 1926
Uma Thurman - April 29, 1970
Dennis Hopper - May 17, 1937
William Shakespeare - April 23, 1564
Stevie Wonder - May 13, 1950
Penélope Cruz - April 28, 1974
Mark Zuckerberg - May 14, 1984

Bekende mensen geboren onder Schorpioen:

Danny DeVito - November 17, 1944
Ryan Gosling - November 12, 1980
Julia Roberts - October 28, 1967
Steve Zahn - November 13, 1967
Bill Gates - October 28, 1955
Katy Perry - October 25, 1984
Pablo Picasso - October 25, 1881
Emma Stone - November 6, 1988
Owen Wilson - November 18, 1968
Björk - November 21, 1965

STIER

Als Stier kun je je leven sterk verbeteren door deze Schorpioen-
kwaliteiten te integreren:

- **Intensiteit**: Schorpioen staat bekend om zijn intense en
gepassioneerde aard, en Stier kan baat hebben bij het integreren van
deze kwaliteit in zijn of haar activiteiten en relaties.
- **Diepte**: Schorpioen wordt vaak geassocieerd met diepte en
complexiteit en Stier kan profiteren van het overnemen van
ditzelfde neigen tot diepte, in zowel de eigen denkprocessen als
emotionele ervaringen.
- **Het kappen van dood hout**: De Schorpioen staat alom bekend om
zijn buitengewone vermogen om dingen los te laten die geen nut
meer hebben. Evenzo kan de Stier zijn creativiteit sterk vergroten
en mentale ruimte creëren door zich los te maken van emotionele
bagger en andere factoren die hem van energie beroven. Door zich
bewust af te keren van herkauwen en zich te ontdoen van onnodige
bagage kan de Stier genieten van meer vrijheid en zijn volledige
potentieel ontwikkelen.
- **Emotionele intelligentie**: Schorpioen is zeer gevoelig voor emoties,
zowel voor die van hemzelf als die van anderen. Stier zet met de
integratie van Schorpioen de ontwikkeling op gang van een dieper
emotioneel bewustzijn in de persoonlijke en professionele sfeer.
- **Transformatie en proces**: Schorpioen wordt geassocieerd met
transformatie en wedergeboorte en Stier kan veel baat hebben
bij het omarmen hiervan om in zijn leven meer groei en evolutie
te ervaren. Zich ervan bewust blijven dat het leven in wezen een
doorlopend proces is, is een heel gezonde houding voor de Stier!
- **Innerlijke kracht**: De Schorpioen staat bekend om zijn innerlijke
kracht en veerkracht, en de Stier kan baat hebben bij het
ontwikkelen van dezelfde innerlijke standvastigheid om uitdagingen
en obstakels in het leven te overwinnen. Stieren zijn doorgaans al

zeer standvastig van zichzelf, maar deze kracht is aanvankelijk vaak min of meer blind geworteld. Bij Schorpioen wortelt deze in de eigen subjectieve existentie zelf, die zeer bewust wordt ervaren.

- **Voltooiing**: het onwrikbare doorzettingsvermogen van de Schorpioen kan een cruciale rol spelen bij de ondersteuning van de creatieve inspanningen van de Stier door ervoor te zorgen dat de dingen worden afgerond. Hoewel de Stier bekend staat om zijn uiteenlopende interesses en zijn vermogen om talrijke creatieve projecten van de grond af aan op te starten, kan hij ze soms voortijdig opgeven. De Schorpioen kan de Stier net het duwtje in de rug geven om af te maken waar deze aan begonnen is, zodat het creatieve potentieel ten volle wordt benut. Door samen te werken kunnen de kwaliteiten van Schorpioen en Stier opmerkelijke successen boeken in hun creatieve inspanningen.

SCHORPIOEN

Als Schorpioen kun je je leven aanzienlijk verbeteren door deze Stier-kwaliteiten te integreren:

- **Stabiliteit**: Als het vaste teken van het Aarde-element staat Stier bekend om zijn stabiliteit en aardend vermogen. Schorpioenen kunnen profiteren van de integratie van meer van deze kwaliteit in hun eigen leven om een gevoel van veiligheid en continuïteit te creëren. Stier is ook zeer praktisch en gegrond in de werkelijkheid, en de Schorpioen kan profiteren van het overnemen van dezelfde soort praktische instelling om weloverwogen beslissingen te nemen en realistische doelen na te streven. Dit kan voorkomen dat de Schorpioen in een verkeerd moment te vroeg, teveel van zijn schepen achter zich verbrandt. Een neiging die nogal eens voorkomt bij dit primair proces-gerichte teken.
- **Creatieve kracht**: Stier als Venus-teken kan zeer creatief en origineel zijn, en iets uit het niets creëren in de kunst, literatuur,

filosofie of zelfs de politiek. Schorpioenen die beseffen dat het beter is hun energie te richten op het ontwaken van hun latente Stier-creativiteit dan zich bezig te houden met controle- of machtsspelletjes, hebben het potentieel om grootse successen te boeken. De beroemde Schorpioen-kunstenaar Pablo Picasso is in dit opzicht een uitstekend rolmodel.

- **Sensualiteit**: Stier wordt vaak geassocieerd met sensualiteit en plezier, en Schorpioenen kunnen er baat bij hebben om meer van deze kwaliteit in hun eigen leven op te nemen om meer vreugde en voldoening te ervaren.
- **Humor**: Stieren hebben vaak een uniek gevoel voor humor dat voortkomt uit hun vermogen om de betrekkelijkheid van drama in de wereld te zien, in relatie tot hun talent om niet onder de indruk te zijn van elke massahysterie, die wordt afgedwongen door media, commercie en politiek. Het humoristische en nuchtere perspectief van de Stier kan Schorpioenen helpen los te komen van hun obsessieve denkpatronen en het leven evenwichtiger te benaderen. John Cleese, de Schorpioen-komiek van Monty Python, werd een meester in het fuseren van dit relativerende Stier perspectief met zijn scherpzinnige Schorpioen-observaties.
- **Loyaliteit**: De Stier staat bekend om zijn trouw en toewijding, en de Schorpioen kan baat hebben bij het omarmen van dezelfde soort loyaliteit in de persoonlijke en professionele relaties.
- **Objectiviteit**: Stier wordt, in tegenstelling tot Schorpioen, van nature geassocieerd met objectiviteit, omdat dit teken opgesloten zit in een unieke resonantie met de wereld zelf en haar verborgen natuurlijke organisatie. Schorpioen is het meest subjectieve van alle dierenriemtekens. Net zoals de Schorpioen de Stier kan leren om de subjectieve ervaring van het leven te omarmen en zo het leven intenser te ervaren, kan de Stier de Schorpioen leren over de beperkingen en gevaren van het vasthouden aan een te subjectieve perceptie. Paradoxaal genoeg kan het cultiveren van objectiviteit de

Schorpioen op het goede spoor houden, als een wezen dat meer van het proces zelf houdt dan enig ander teken van de dierenriem.

- **Financiële verantwoordelijkheid**: Stier wordt vaak geassocieerd met financiële verantwoordelijkheid en stabiliteit, en Schorpioen kan profiteren door het cultiveren van hetzelfde gevoel voor financiële kennis en planning om meer financiële zekerheid en stabiliteit in hun leven te bereiken.

STIER & SCHORPIOEN BETER BEGRIJPEN

De as Stier-Schorpioen is misschien niet de moeilijkste, maar wel de meest intense. Deze as is echter moeilijk te navigeren in deze tijd van dominante Lucht-energie, die wordt gekenmerkt door haar snelle, oppervlakkige en vrijblijvende aard. De Stier-Schorpioen as beheerst het bewustzijn op het diepste en meest primitieve niveau met krachtige energieën die zowel oud als overweldigend zijn. Voor Stier manifesteren deze energieën zich als *eros* (scheppingskracht) en universele wil, terwijl ze voor Schorpioen de vorm aannemen van *telos* (voltooiing en betekenis) en persoonlijke wil. De dominantie van het oppervlakkige Lucht-element in ons moderne digitale tijdperk kan frustrerend zijn voor Schorpioen en Stier, omdat er geen afstemming is met deze energie.

'Volbloed' Schorpioenen en Stieren lijken op het eerste gezicht onverenigbaar met elkaar, waardoor het moeilijk is een vruchtbare synergie tussen beide tekens tot stand te brengen. In feite is dit bijna onmogelijk met de minder slimme types in deze categorie. Het lagere Schorpioen-type is heimelijk ijdeler dan de meest zelfingenomen Leeuw en verkondigt op elk verjaardagsfeestje dat hij of zij een Schorpioen is (dus pas op!), en wat betreft tatoeages ziet de persoon in kwestie er vaak uit als een wandelende koelkastdeur, vol gekalkt met een wagonlading, voor anderen, volstrekt irrelevante krabbels en symbolen.

Er is een tweede Schorpioen-type. Dit kunnen briljante kunstenaars zijn die helaas ook gedreven worden door een onstuitbare drang om te drinken of drugs te gebruiken. De Nederlandse Schorpioen-zanger en schilder Herman Brood – die volgens mij samen met Jean-Michel Basquiat het absolute hoogtepunt van de figuratieve expressionistische schilderkunst bereikte – combineerde zijn artistieke genie met een doorlopende zelfdestructie die eindigde in zijn zelfmoord. Al wil ik hier geen oordeel over vellen, omdat Brood's *life style* nu eenmaal volledig vervlochten leek met zijn geniale kunstprestaties binnen een bizar soort correlatie.

Dan is er nog de obsessieve machts- of controlezoeker, de Schorpioen die op de achtergrond werkt via controlesystemen, mensen in de gaten houdt, volgt en controleert zonder dat zijn slachtoffers zich daarvan bewust zijn. Dit type heeft de tijd van zijn leven in meer Big Brother-achtige tijden.

Tenslotte zijn er de hoger ontwikkelde Schorpioen-typen die duidelijk opvallen in de groep met een doordringende scherpte, toewijding en confronterende eerlijkheid. Dit laatste type levert bewonderenswaardige, vaak zeer getalenteerde en intelligente mensen op die dit hoogste octaaf van Schorpioen-energie hebben bereikt, door het tegengestelde teken Stier in hun wezen te integreren, waardoor het potentieel van Schorpioen maximaal wordt benut. Deze mensen kunnen zich op vele terreinen manifesteren, omdat zij niet bang zijn voor complexiteit en een enorm reservoir aan energie hebben dat zij goed beheren. Zij kunnen topchirurgen zijn, meesters in vechtsporten of qigong, politici, schrijvers, kunstenaars, consultants, enz. Het is een zegen om hen in je vriendenkring te hebben.

Uiteindelijk geldt voor Schorpioen en Stier evenzeer dat 'authenticiteit' en compromisloze 'eerlijkheid en (zelf)confrontatie' alleen kunnen worden bereikt via de perfecte integratie van beide zodiakkrachten. Stier is de schepper die uit het niets iets kan creëren, Schorpioen zorgt voor de authenticiteit en is de afmaker van dit creatieve proces. In dit opzicht is de ene kracht niets zonder de andere. Zonder synergie verlammen ze elkaar. In synergie kan ijzer met de handen worden gebroken. Dit besef en de gevolgen ervan bepalen of we een selfmade voorbeeldpersoon krijgen met hoge normen en waarden of een notoire eikel. Het centrale thema dat Schorpioen en Stier verbindt kan het best worden geformuleerd als: *"Wees niet nep! Wees echt!"* – Vandaar ook de problemen of aversie die Stieren en Schorpioenen hebben met tijden waarin de (gebakken) Lucht hoogtij viert en de hele omgeving infecteert. Een ernstige infectie, die eruit bestaat dat een meerderheid zich ineens fanatiek inspant om de wensen van politici en hun poppenspelers (geïndoctrineerd via de media) te vervullen in plaats van hun eigen wensen gestalte te geven.

Schorpioen, de taboedoorbreker

Sommige Schorpioenen hebben een sterke affiniteit met complexiteit en de grensgebieden van de menselijke geest, zoals transhumanisme of de analyse van het criminele brein. Schorpioen-actrice Scarlett Johansson belichaamde de rol van Lucy perfect in de gelijknamige film, terwijl Jodie Foster veel emotionele 'atletiek' nodig had voor haar rol in *The Silence of the Lambs*. Naast het feit dat de hoogontwikkelde Schorpioen niet bang is voor complexiteit op welk gebied dan ook, waarvoor de meeste mensen gillend wegrennen (ontwarren is een Schorpioen-ding, hoe lang het ook duurt), zijn er andere vormen van moed waar dit teken in uitblinkt. De bereidheid om taboes te doorbreken, vooral als het gaat om nutteloze taboes, terwijl je je totaal niet bewust bent van wat 'ze' zullen denken, is door weinigen in Nederland zo creatief gemanifesteerd als door schrijver en kunstenaar Jan Wolkers met zijn thema's seks en dood. Het vermogen om de onzin van bepaalde sociale en culturele gebruiken, regels en aannames te doorzien en jezelf van deze strop te willen bevrijden gaat bij Schorpioenen samen met hun mechanisme van informatieverwerking.

Zowel Schorpioen als Stier verwerken informatie tot in de kern. Dit is totaal anders bij de Lucht- en Vuurtekens, die vooral informatie doorgeven en zo hun waardevolle bijdrage leveren aan het geheel. Schorpioen en Stier zijn meesters in het diepgaand bewust worden en beheersen van informatie. Het verschil tussen Schorpioen en Stier is dat bij de laatste de informatie vooral wordt gespiegeld aan een 'oer-objectiviteit' en bij Schorpioen aan een 'oer-subjectiviteit'. Het resultaat is echter hetzelfde. De complexiteit van dit proces van informatieverwerking is de reden waarom Stier-kinderen vaak worden belast met opmerkingen en aantekeningen dat ze goed zijn maar te langzaam op school, terwijl Schorpioen-kinderen te horen krijgen dat ze 'hun grote mond moeten houden'.

Misschien is de as van Stier en Schorpioen wel het meest geschikt voor creatieve bezigheden. Creativiteit hoeft niet beperkt te blijven tot traditionele creatieve disciplines als kunst, muziek of literatuur (Salvador Dali, Benjamin Britten, Honore de Balzac). Karl Marx was een creatieve vernieuwer op politiek, filosofisch en sociaal-economisch gebied. Freud was creatief in de psychologie, terwijl de Australische uitgever Duncan Roads *(Nexus)* en de Nederlander Sander Compagner *(De Andere Krant)* creatieve pioniers zijn op het gebied van alternatief nieuws. Creativiteit kan echter ook op een heel klein en particulier niveau worden beoefend en toch heel voedend zijn. Iets leren creëren vanuit het niets is iets wat de Schorpioen beheerst bij de integratie met de Stier. Aandacht voor detail, techniek en voltooiing van het creatieve proces is wat Stier zich eigen kan maken door Schorpioen te integreren. Als zij dit in gedachten houden, zullen beide krachten zelden de negatieve versies van deze zodiaktekens tegenkomen.

Iets over de diepste lagen van Stier mag hier niet ontbreken. Stier heeft een bijzondere band met de wereld zelf en niet alleen symbolisch. Als er iets mis dreigt te gaan in de (natuurlijke) wereld, voelt dat als een persoonlijke pijn, bedreiging of schade voor een positief persoon die een sterke Stier-invloed in zijn of haar horoscoop heeft. Iets wat de andere dierenriemtekens vaak niet zo voelen. De relatie tussen Stier, de wereld en het lichaam is zo sterk en intens dat de grens tussen de wereld en het persoonlijke bestaan verdwijnt en alles als één organisme wordt ervaren. Vervuiling, stervende insecten, verdwijnende bossen en natuurlandschappen, de opkomst van machtspolitiek, alles veroorzaakt letterlijk pijn in de ziel en daar moet iets aan gedaan worden. Deze drang is intens door deze verwevenheid. Daarom is Stier sterk vertegenwoordigd bij de grondleggers van de grote nieuwe trend, gedachte of conceptie.

De wijze van informatieverwerking voor de Schorpioen is in dit artikel al beschreven. Een schaduwaspect bleef echter onbesproken: de neiging om ergens in *door te willen dringen als een intrinsieke kracht*. Schorpioen-energie heeft zelf de neiging om overal in door te dringen, ook in de misdaad en zaken die tot de schaduwzijde behoren. Dat maakt mensen met Zon, Maan, Ascendant of veel planeten in dit teken gevoeliger voor deze Plutonische kracht. Wolkers zei ooit in een interview dat hij geen schrijver was die zomaar dingen kon verzinnen. Alles waarover hij schreef moest hij zelf ervaren hebben. In geen enkel teken reikt de subjectieve verkenning van de werkelijkheid zo diep als in het teken Schorpioen. Voor Stier is het ook belangrijk deze kwaliteit te integreren. Stieren die dit verwaarlozen ontaarden vaak in krantenlezers en betweterige couch potatoes, saai en braaf.

Heel anders dan de Amerikaanse zwarte anti-racisme activist Malcolm-X (Zon, Maan, Mercurius in Stier) die Schorpioen maximaal integreerde, of rapper Busta Rhymes (Zon en Mercurius in Stier) die heel demonstratief de beruchte 'traagheid' (en afkeer van complexiteit) van Stier negeert in de inleiding van *60 Seconds Assassin*, één van de allersnelste raps ooit geproduceerd.

SAMENVATTING VAN DE POSITIEVE EIGENSCHAPPEN VAN STIER & SCHORPIOEN

STIER

Stier is het tweede zodiakteken. De stier-symboliek weerspiegelt de inherente vastberadenheid en kracht ervan. Op werelds niveau wordt Stier geassocieerd met financiën, banken, luxe, landbouw, onroerend goed, architectuur, beeldende kunst, muziek, gastronomie, textiel en parfum. Hieronder staan enkele positieve eigenschappen en kenmerken die geassocieerd worden met het dierenriemteken Stier.:

1. **Betrouwbaarheid**: Stieren staan bekend om hun betrouwbaarheid en loyaliteit. Ze zijn toegewijd aan hun dierbaren en zullen er alles aan doen om hen te beschermen en gelukkig te maken.
2. **Vastberadenheid** en doorzettingsvermogen: Stieren zijn zeer vastberaden en hardwerkend. Ze hebben een sterk doorzettings- vermogen en zijn bereid om hard te werken om hun doelen te bereiken.
3. **Sensualiteit**: Stieren zijn sensuele wezens die genieten van de goede dingen in het leven, zoals eten, muziek, kunst en natuurlijk seks.
4. **Algemene ontwikkeling**: Stieren hebben een sterke affiniteit met de begrippen zekerheid en objectiviteit, waardoor ze vaak goed geïnformeerd zijn over eindeloos veel onderwerpen.
5. **Geduld**: Stieren zijn geduldig en evenwichtig, waardoor ze

uitstekende probleemoplossers zijn. Ze kunnen lang wachten en doorzetten, maar moeten wel oppassen dat hun geduld niet tot traagheid leidt.

6. **Creativiteit**: Stieren zijn zeer creatief en kunnen als geen ander iets nieuws creëren. Ze zijn vaak verantwoordelijk voor het oprichten en consolideren van nieuwe kunst, literatuur, muziek, architectuur, politiek, filosofie en maatschappelijke trends.

7. **Praktisch**: Stieren zijn praktisch en nuchter van aard. Ze hebben een talent voor het oplossen van problemen en het vinden van praktische oplossingen voor complexe situaties. Ze houden de dingen meestal simpel en vermijden complexiteit.

8. **Rijkdom**: Stieren zijn meestal goed met geld. Ze zijn niet per se geïnteresseerd in rijkdom op zich, maar willen niet afhankelijk zijn van anderen omdat dat hun autonomie ondermijnt.

9. **Waardering voor schoonheid en natuur**: Stieren hebben een diepe waardering voor schoonheid en esthetiek. Ze voelen zich aangetrokken tot kunst, muziek en design en hebben een talent om zelf mooie dingen te creëren. Ze hebben vaak een diep respect voor de natuur en de Aarde. Van alle tekens staat Stier het dichts bij Moeder Aarde.

10. **Waarheid zoeken en bewaken**: Hoger geëvolueerde Stieren treden vaak op als bewakers van waarheid en menselijke waarden. Ze verafschuwen leugens, overheidsmanipulatie en media-indoctrinatie en zijn compromisloos als het gaat om het bewaken van de waarheid. *'Get real!'* is een motto dat ze vaak zullen aanbevelen.

SCHORPIOEN

Schorpioen is het achtste teken in de zodiak. Het legt de nadruk legt op intensiteit, diepgang en alles wat procesmatig is. Op werelds niveau is Schorpioen verbonden met macht, controle, transformatie, geheimen, psychologie, criminologie, forensisch onderzoek, chirurgie, seksualiteit en metafysica. Hieronder volgen enkele positieve eigenschappen en kenmerken die geassocieerd worden met het dierenriemteken Schorpioen:

1. **Passie**: Schorpioenen worden gezien als zeer gepassioneerd en emotioneel. Zij benaderen alles in het leven met onwrikbare toewijding en intensiteit. Hoewel Schorpioenen gewoonlijk worden geassocieerd met introversie, kunnen ze met Mars als medeheerser ook sterke extraverte neigingen vertonen.

2. **Loyaliteit**: Schorpioenen zijn trouw aan hun geliefden en zullen alles doen om hen te beschermen en te steunen. Ze waarderen loyaliteit en verwachten dat ook van anderen.

3. **Intuïtie**: Schorpioenen hebben een sterke intuïtie en voelen de emoties en bedoelingen van anderen aan. Ze zien vaak verder dan de oppervlakte en komen tot de kern van de zaak.

4. **Diepgang**: Schorpioenen staan bekend om hun diepgang en complexiteit. Ze hebben een rijk innerlijk leven en voelen zich vaak aangetrokken tot het mysterieuze, occulte en raadselachtige.

5. **Moed**: Schorpioenen zijn moedig en niet bang om moeilijke situaties aan te pakken. Ze hebben een sterk gevoel van vastberadenheid en zijn bereid risico's te nemen om hun doelen te bereiken. Als er onderliggende spanningen zijn in hun relaties met anderen, zijn zij vaak de eersten die dit ter sprake brengen.

6. **Gevoeligheid**: Schorpioenen zijn gevoelig en empathisch. Ze hebben een diep begrip van de emoties van anderen en kunnen zeer ondersteunend en zorgzaam zijn.

7. **Onafhankelijkheid**: Schorpioenen waarderen hun onafhankelijkheid en zijn niet bang om alleen te staan. Ze hebben een sterk gevoel van eigenwaarde en laten zich niet gemakkelijk beïnvloeden door de mening van anderen.

8. **Doorzettingsvermogen**: Schorpioenen zijn zeer volhardend en vastberaden. Ze laten zich niet snel afschrikken door obstakels en

zijn bereid hard te werken om hun doelen te bereiken.

9. **Magnetisme**: Schorpioenen hebben een natuurlijke aantrekkingskracht die anderen naar zich toe trekt. Ze hebben een charismatische en overtuigende aanwezigheid die zeer boeiend kan zijn. Dit magnetisme is te danken aan de Plutonische invloed die werkt op degenen die onder dit teken van de dierenriem zijn geboren en een magisch en in zekere zin 'bindend' effect heeft op mensen.

10. **Waarheidsvinding**: Meer geëvolueerde Schorpioenen kunnen optreden als bewakers van de waarheid en de menselijke waarden. Ze kunnen zeer stoutmoedig en provocerend zijn in het uiten van deze kwaliteit. Zoals eerder gezegd, *'Get real!'* is een algemeen motto en ze verafschuwen leugens, overheidsmachinaties en media-indoctrinatie en zullen deze aan de kaak stellen, net als hoger ontwikkelde Stieren.

SAMENVATTING VAN DE NEGATIEVE KWALITEITEN VAN STIER & SCHORPIOEN

STIER

1. **Koppigheid**: Stieren kunnen erg koppig zijn en zich verzetten tegen verandering, zelfs als het in hun eigen belang is.

2. **Bezitterigheid**: Stieren kunnen bezitterig zijn en worstelen met jaloezie en controlerend gedrag in relaties.

3. **Materialisme**: Stieren kunnen materialistisch zijn en te veel nadruk leggen op materiële bezittingen en rijkdom. De negatieve Stier loopt hiermee het risico net zo eenzaam te eindigen als Citizen Kane in de gelijkname film uit 1941 van Stier-regisseur en acteur Orson Welles (6 mei 1915).

4. **Genotzucht**: Stieren kunnen genotzuchtig zijn en worstelen met overeten, buitensporige uitgaven of andere vormen van overdaad.

5. **Workaholic**: Van Stieren is bekend dat ze voorzichtig beginnen, maar als ze eenmaal een doel hebben gesteld, kunnen ze een onstuitbare kracht worden die bergen kan verzetten. In hun obsessieve streven naar resultaten kunnen ze echter hun eigen gezondheid, sociale relaties en andere aspecten van hun leven verwaarlozen. Deze laserachtige focus, hoewel indrukwekkend, brengt ook het risico met zich mee van isolatie, burn-out of hartfalen.

6. **Traagheid of gewoontedier**: Stiermensen zijn soms geneigd tot traagheid en uitstelgedrag en kunnen vastzitten in een 'comfortzone' die leidt tot sociale terugtrekking. Ze kunnen ze lijken op katten en honden die genieten van de voorspelbaarheid van dagelijkse routines. Hierdoor kunnen ze het initiatief missen dat nodig is om uit patronen te breken. 'Zekerheid' is voor iedereen belangrijk, maar culmineert in Stier en kan er daarom in dit teken ook het makkelijkst in doorslaan.

7. **Wraakzuchtig en prikkelbaar**: Stieren kunnen wrokkig zijn en lang wrok of negatieve gevoelens koesteren tegen anderen. Stiermensen kunnen soms moeite hebben hun emoties onder controle te houden, wat soms kan leiden tot een diepe depressie of explosieve woede-uitbarstingen.

8. **Politieke correctheid**: De Stier kan erg gehecht zijn aan de comfortzone en zijn ware aard verraden door zich te conformeren aan de massa of de mainstream in het algemeen.

9. **Overdreven voorzichtigheid**: Stieren kunnen overdreven voorzichtig zijn en het moeilijk vinden om risico's te nemen of nieuwe dingen te proberen.

10. **Onbuigzaam en compromisloos**: Stieren kunnen onbuigzaam zijn en moeite hebben zich aan te passen aan nieuwe situaties of ideeën. Daardoor kunnen ze ook compromisloos zijn en het moeilijk vinden om met anderen overeenstemming te bereiken of concessies te doen in conflicten.

SCHORPIOEN

1. **Bezitterig**: Schorpioenen kunnen bezitterig zijn en het moeilijk vinden om mensen of dingen los te laten waaraan zij gehecht zijn. Wat hier in wezen plaatsvind is dat een negatieve Stier-eigenschap zich fuseert met het ultrasubjectieve van de Schorpioen. Dit kan stevig uit de hand lopen, zelf (helemaal met alcohol in het spel) in de richting van psychopate trekken.

2. **Jaloers**: Schorpioenen kunnen jaloers zijn en hebben de neiging snel territoriaal te zijn inzake hun relaties.

3. **Geheimzinnig**: Schorpioenen kunnen geheimzinnig zijn 'om wille van' en terughoudend zijn om hun gedachten of gevoelens met anderen te delen.

4. **Achterdochtig**: Schorpioenen kunnen achterdochtig zijn en twijfelen aan de bedoelingen van anderen.

5. **Wraakzuchtig**: Schorpioenen kunnen wraakzuchtig zijn en wrok koesteren of wraak zoeken wanneer zij zich oneerlijk behandeld voelen.

6. **Controlerend**: Schorpioenen kunnen controlerend zijn en hebben de neiging situaties of mensen te manipuleren om te krijgen wat ze willen.

7. **Intens**: Schorpioenen zijn intens, kunnen daarom ook intens zijn op het verkeerde moment en hebben de neiging te sterk over te komen in relaties of interacties.

8. **Obsessief**: Schorpioenen kunnen obsessief zijn en hebben de neiging zich te fixeren op bepaalde mensen of dingen.

9. **Politiek correct**: Schorpioenen kunnen, net als Stieren, zichzelf verraden door de waarheid te vervangen door politieke correctheid.

10. **Wantrouwend**: Schorpioenen kunnen wantrouwend zijn en het moeilijk vinden anderen te vertrouwen, vooral als ze in het verleden zijn verraden of gekwetst.

Tweelingen – Boogschutter as

Voor degenen die geboren zijn onder Tweelingen (21 mei - 20 juni)
of Boogschutter (22 november - 21 december)

De as tussen Tweelingen en Boogschutter staat voor het evenwicht tussen kennis en wijsheid. Tweelingen staan voor het vergaren en delen van kennis, communicatie en nieuwsgierigheid, terwijl Boogschutter staat voor hoger onderwijs, wijsheid en spiritualiteit. Tweelingen en Boogschutter kunnen elkaar goed aanvullen, waarbij Boogschutter de informatiehongerige Tweelingen diepgang, waarheid en focus brengt, en de Tweelingen de Boogschutter helpen om open te blijven staan en academische isolatie te vermijden.

Bekende mensen geboren onder Tweelingen:

Marilyn Monroe - June 1, 1926
Kanye West - June 8, 1977
Angelina Jolie - June 4, 1975
Johnny Depp - June 9, 1963
Natalie Portman - June 9, 1981
Bob Dylan - May 24, 1941
Morgan Freeman - June 1, 1937
Prince - June 7, 1958
Neil Patrick Harris - June 15, 1973
Venus Williams - June 17, 1980

Bekende mensen geboren onder Boogschutter:

Taylor Swift - December 13, 1989
Brad Pitt - December 18, 1963
Winston Churchill - November 30, 1874
Jay-Z - December 4, 1969
Walt Disney - December 5, 1901
Britney Spears - December 2, 1981
Nicki Minaj - December 8, 1982
Frank Sinatra - December 12, 1915
Jake Gyllenhaal - December 19, 1980
Steven Spielberg - December 18, 1946

TWEELINGEN

Als Tweelingen kun je je leven aanzienlijk verbeteren door deze eigenschappen van Boogschutter te integreren:

- **Optimisme**: Boogschutter staat bekend om zijn optimistische en avontuurlijke aard, en Tweelingen kunnen hiervan profiteren door meer van deze positieve houding in hun eigen leven te integreren.
- **Natuur**: De natuurminnende Boogschutter staat in contrast met de stedelijke focus van Tweelingen. Het verkennen van de natuur en gezellige wandelingen kunnen zowel verrijkend als verhelderend zijn, vooral in vergelijking met het lawaaierige en met beeldschermen gevulde stadsleven van de Tweelingen. De natuur biedt een rustiger omgeving die het mogelijk maakt om informatie te laten wegzinken in de emotionele en intuïtieve lagen van de ziel en zo leidt tot een verhoogd bewustzijn en begrip van de waargenomen informatie.
- **Eerlijkheid**: Boogschutter staat bekend om zijn eerlijkheid en directheid, en Tweelingen kunnen hiervan profiteren door hetzelfde niveau van transparantie en authenticiteit in hun eigen communicatie en relaties aan te nemen.
- **Avontuur**: Boogschutter wordt vaak in verband gebracht met avontuur en bereidheid tot risico's, en Tweelingen kunnen hiervan profiteren door meer van deze zin voor avontuur en opwinding in hun eigen leven te integreren.
- **Onafhankelijkheid**: Boogschutter is erg onafhankelijk en zelfstandig, en Tweelingen kunnen hiervan profiteren door hetzelfde niveau van onafhankelijkheid en zelfstandigheid aan te nemen om hun eigen belangen en doelen na te streven.
- **Focus en vastberadenheid**: De nieuwsgierige en rusteloze geest van mensen geboren onder Tweelingen wordt vaak afgeleid door nieuwe en trendy informatie, waardoor ze mogelijk belangrijke inzichten missen. Boogschutter met zijn focus en doelgerichte aard kan

Tweelingen helpen zich te concentreren op de informatie die echt belangrijk in de zoektocht naar kennis.

- **Liefde voor hogere studie**: Boogschutter wordt vaak geassocieerd met liefde voor diepgaand leren en hoger onderwijs, en Tweelingen kunnen hiervan profiteren door dezelfde passie voor kennis en intellectuele nieuwsgierigheid in hun eigen leven te integreren.

BOOGSCHUTTER

Als Boogschutter kunt je je leven aanzienlijk verbeteren door deze eigenschappen van de Tweelingen te integreren:

- **Flexibiliteit**: Tweelingen staan bekend om hun flexibiliteit en aanpassingsvermogen, en Boogschutter kan hiervan profiteren door meer van deze eigenschap in zijn of haar eigen leven te integreren om veranderingen en onzekerheden het hoofd te bieden.
- **Communicatie**: Tweelingen zijn zeer bedreven in communicatie, en Boogschutter kan hiervan profiteren door dezelfde duidelijkheid en effectiviteit in de eigen communicatie met anderen over te nemen.
- **Dingen minder serieus nemen**: Hoewel Boogschutters van nature optimistisch zijn, zou het voor hen voordelig zijn om de waarde van informatie die alleen ter vermaak dient te erkennen. Dit is vooral belangrijk als ze een carrière als schrijver nastreven, ook binnen de academische gelederen. Hoewel een veranderlijk teken zoals Tweelingen, kan Boogschutter zeer gefocust zijn en een tunnelvisie ontwikkelen. Tweelingen nemen echter informatie uit elke richting en van elke soort op, zonder discriminatie.
- **Veelzijdigheid**: Tweelingen zijn zeer veelzijdig en kunnen zich aanpassen aan verschillende situaties en contexten, en Boogschutter kan hiervan profiteren door dezelfde veelzijdigheid te integreren om een breed scala aan interesses en ervaringen na te streven.
- **Speelsheid**: Tweelingen worden vaak geassocieerd met een gevoel voor speelsheid en lichtheid, en Boogschutter kan hiervan profiteren

door meer van deze eigenschap in zijn eigen leven te integreren om meer vreugde en plezier te ervaren.

- **Sociale vaardigheden**: Tweelingen zijn zeer sociaal en, net als Lucht-teken Weegschaal, bedreven in interpersoonlijke relaties, en Boogschutter kan hiervan profiteren door dezelfde sociale vaardigheden en het vermogen om contact te maken met anderen te ontwikkelen.
- **Nieuwsgierigheid**: Tweelingen staan bekend om hun nieuwsgierigheid en vraagstelling, en Boogschutter kan hiervan profiteren door dezelfde nieuwsgierigheid en openheid te adopteren om nieuwe ideeën en ervaringen te verkennen. Dit is met name belangrijk wanneer academici in de valkuil van de 'wetenschappelijke consensus' vallen, die eigenlijk een contradictie in zichzelf is, omdat de essentie van echte wetenschap nieuwsgierigheid en een open aanpak van onderzoek inhoudt.

TWEELINGEN & BOOGSCHUTTER BETER BEGRIJPEN

Als een Tweelingen weigert om Boogschutter te integreren, loopt hij of zij het risico het hele leven te verspillen met oppervlakkige gesprekken, het consumeren van pulpmedia en internet-onzin, en het gebruik van DSM-erkende aandachtstekortstoornissen als excuus voor het gebrek aan focus. Dit zal Tweelingen ervan weerhouden diepgang, authenticiteit en zelfbeheersing te ontwikkelen. Een ander type ontspoorde Tweelingen kan een kleptomaan, oplichter of spammer zijn, of een spreker voor een regering of multinationale corporatie, die zich tot een dosis zwendel wendt om het gebrek aan richting en doel in het leven te compenseren, iets dat met de integratie van de positieve Boogschutter-kwaliteiten kan worden voorkomen.

Aan de andere kant kan een Boogschutter die zich van Tweelingen isoleert, een academicus zijn die in een ivoren toren leeft en waardevolle publicaties produceert die slechts door weinigen worden gelezen. Ondanks het potentieel van de inhoud om de samenleving te dienen, kan de gebruikte taal falen om een breder publiek aan te spreken. Daarom moet een Boogschutter leren zijn kennis op een manier te communiceren die bij een breed publiek resoneert, terwijl Tweelingen moeten streven om een diepere zin van doel en focus te ontwikkelen. Door deze kwaliteiten te integreren, kunnen beide zodiaktekens een grotere vervulling en impact bereiken.

Een ander type verkeerd geleide Boogschutter zien we in politici die aanvankelijk idealistisch en redelijk zijn, maar snel veranderen in machtsbeluste opportunisten die hun overtuigingen omdraaien om gunsten te winnen. Op dezelfde manier kan dit type voorkomen bij religieuze leiders met een narcistisch en megalomaan goeroe-complex. Ze claimen dat ze de autoriteit hebben om interpretaties van het goddelijke voor te schrijven en straffen op te leggen voor het niet naleven van hun opvattingen (of het niet betalen van lidmaatschapsgeld) binnen een franchise-achtige werkomgeving. Dit kan gebeuren via een pseudospirituele multi-level marketing-instelling zoals het Vaticaan of de Church of Scientology of een van de talloze andere geloofsinstituten.

Boogschutter is een zodiakteken dat vrijheid evenveel waardeert als zuurstof. Terwijl Boogschutters genieten van het verzamelen van kennis uit boeken en het internet, kunnen ze niet zonder de natuur en moeten ze vaak tijd in de natuur doorbrengen om zich op te laden. Er bestaat hierdoor eigenlijk een haat-liefde verhouding tot de beschaving, die ze stiekem koesteren. Dit wordt gesymboliseerd wordt door de Centaur, een wezen half mens half dier, dat vaak als icoon voor het teken Boogschutter wordt gebruikt. Het Centaur-symbool staat voor Boogschutter, omdat het het evenwicht tussen het wilde en dionysische aspect en het beschaafde en ontwikkelde aspect van het teken vertegenwoordigt. Als hun vrijheid wordt afgenomen, kunnen Boogschutters de neiging hebben om excessief te drinken. Dit kan een heikel punt zijn, aangezien ze bekend staan om hun vrolijke natuur, die besmettelijk is en nogal eens gepaard gaat met bulderende lachbuien.

Veel Boogschutters zijn geïnteresseerd in sport, of het nu gaat om deelname of het volgen van de resultaten op de radio of televisie. Hun gevoel voor doelgerichtheid weerspiegelt zich in hun doelgerichte aard, die afkomstig is van hun heersende planeet. Ze hebben een uniek vermogen om informatie te verzamelen en te organiseren, wat kan worden teruggevoerd op hun zoektocht naar structuur. Jupiter, de planeet die traditioneel geassocieerd wordt met de hoogste god van de Romeinen, heeft een relatie met heersers. In het oude Babylon werden Jupiter/Saturnus-aspecten waargenomen om het lot van koningen te voorspellen. De piramide-achtige structuren die Boogschutters creëren, zijn hiërarchisch met een top bovenaan. Macht kan hen echter corrumperen en absolute macht kan hen volledig corrumperen.

De positieve kant van Tweelingen, namelijk open blijven staan voor nieuwe perspectieven en ontwikkelingen, kan Boogschutters helpen om niet gevangen te raken tussen conformiteit en authenticiteit. Ze moeten hun essentie van groei en expansie behouden, die de faculteiten van hun heerser Jupiter zijn. Boogschutters in piramide-structuren kunnen in conflict komen als ze vergeten de positieve kant van Tweelingen te integreren.

De optimistische invloed van heerser Jupiter op Boogschutter is in diverse maatschappelijke situaties van groot belang. Volgens een statistische studie van de gerenommeerde astroloog Robert Zoller hebben personen van wie de *Almutem Figuris* of sterkste planeet

Jupiter is, vaak te maken met moeilijke omstandigheden die bijna alle optimisme kunnen wegnemen. Zo werkt bijvoorbeeld een bekende van mij met deze planetaire configuratie op een ziekenhuisafdeling voor de behandeling van kinderen met kanker. Ondanks de overweldigende droefheid en moeilijkheid van het werk, vormt de innerlijke vrolijkheid van Jupiter een belangrijke steun voor zowel patiënten als medewerkers. Onder alle planeten wordt Jupiter vaak geassocieerd met eigenschappen zoals positiviteit, expansie en optimisme en wordt beschouwd als de ultieme Yang-planeet van het zonnestelsel.

Tweelingen is het zodiakteken dat een gamma beslaat dat loopt van het laagste niveau van roddel, Twitter-verslaafden, dieven, pathologische leugenaars of mainstream-journalisten, tot mentale hoogbegaafdheid, vooruitziendheid, zeer snel denken en reageren en meesterlijke communicatie. De gemeenschappelijke kenmerken van zowel de laagste als hoogste typen Tweelingen zijn hun nieuwsgierige geest en hun vermogen om veel contacten te onderhouden. Ze maken ook vaak veel korte reizen en zijn pendelaars. Tweelingen kunnen echter in hun ontwikkeling worden belemmerd door de moeite die het hen soms kost de waarheid te vatten. Als wendbaar Lucht-teken fungeert Tweelingen voornamelijk als verbindingsstuk in plaats van als initiatiefnemer. Zoals eerder aangegeven is een kernkwaliteit van Tweelingen het zonder te discrimineren of te filteren opnemen en verwerken van informatie. Dit is an sich natuurlijk een neutrale eigenschap, die ook heel nuttig kan zijn. Maar in een paradox is het standpunt van de Tweelingen hierdoor dus geen echt standpunt. Informatie wordt in eerste instantie niet beoordeeld op standpunten, maar gespiegeld in andere informatie. Ethiek en waarheidsvinding vragen echter altijd om een *vast* in plaats van een *flexibel* standpunt, aangezien het om algeheel geldende principes gaat. Dingen als liegen, mainstream-nieuws en stelen worden door Tweelingen als sec een ruwe psychische energie daarom anders ervaren dan bij de overige zodiaktekens.

Pas op latere leeftijd kristalliseert zich bij Tweelingen, uit hun enorme poel van verwerkte informatie, een soort eigen identiteits- en individualiteitsgevoel uit. Het wordt geboren uit een eindeloze reeks verkenningen, percepties, informatieverwerking en -vergelijking in de loop der jaren. Tweelingen met Mercurius in Stier bereiken dit stadium veel eerder dan Tweelingen met Mercurius in hun eigen teken. Degenen met Mercurius in Kreeft komen eerder in aanraking met het credo 'gevoelens maken geen denkfouten' en versnellen zo het proces.

De geestelijke volgroeide Tweelingen zien we uiteindelijk een meer of minder etherisch, niet vast, maar toch stabiel standpunt innemen, dat zich manifesteert in het vermogen om dingen, mensen en situaties in *perspectief* te plaatsen. Een erkenning van het goede in de natuur en de mens lijkt tussen de regels van dit perspectief door te schemeren. Bovendien is deze Tweelingen niet meer bang voor de lange weg (Boogschutter). Deze kwaliteiten zijn bijv. herkenbaar bij een mainstream-journalist die niet langer de credo's van zijn krant of tv-redacteuren volgt en daarna een van de betere onderzoeksjournalisten wordt.

SAMENVATTING VAN DE POSITIEVE EIGENSCHAPPEN VAN TWEELINGEN & BOOGSCHUTTER

TWEELINGEN

Tweelingen is het derde teken in de zodiak en legt de nadruk op dualiteit en veelzijdigheid. Op werelds en alledaags niveau beheersen Tweelingen de gebieden van communicatie, transport, handel, media, journalistiek, schrijven, onderwijs, sociale media, netwerken, comedy, korte reizen en kleine elektronische apparaten. Hieronder staan enkele van de positieve eigenschappen, kwaliteiten en kenmerken die geassocieerd worden met het teken Tweelingen:

1. **Aanpassingsvermogen**: Tweelingen zijn zeer veelzijdig en passen zich makkelijk aan. Ze zijn in staat om snel en gemakkelijk te acclimatiseren betreffende nieuwe situaties en omgevingen.
2. **Intelligentie**: Tweelingen zijn vaak bovengemiddeld intelligent en nieuwsgierig. Ze verkennen graag een breed scala aan onderwerpen en zijn snel van begrip.
3. **Communicatie**: Tweelingen zijn uitstekende communicators en hebben het talent om zich duidelijk en overtuigend uit te drukken. Het zijn vaak goede schrijvers, sprekers en leraren.
4. **Humor**: Tweelingen hebben vaak gevoel voor humor en vinden het leuk om anderen aan het lachen te maken. Ze hebben het talent om humor te vinden in elke situatie. "Waarom zo serieus?" zou het motto van Tweelingen kunnen zijn.
5. **Flexibiliteit**: Tweelingen zijn flexibel en open-minded. Ze zitten niet vast in hun gewoonten en zijn bereid nieuwe ideeën en perspectieven te overwegen.
6. **Sociaal**: Tweelingen zijn sociaal en genieten ervan om met anderen samen te zijn. Ze hebben een talent om vrienden te maken en zijn vaak het middelpunt van een feestje.
7. **Nieuwsgierigheid**: Tweelingen zijn van nature nieuwsgierig en leergierig. Ze hebben een chronische dorst naar kennis en ervaringen.
8. **Veelzijdigheid**: Tweelingen zijn veelzijdig. Ze zijn in staat om een breed scala aan taken uit te voeren en kunnen uitblinken op veel verschillende gebieden.
9. **Energie**: Tweelingen zijn energiek en levendig. Ze zijn levenslustig en genieten ervan om actief te blijven en zich bezig te houden met een verscheidenheid aan activiteiten.
10. **Creativiteit**: Tweelingen kunnen creatief en fantasierijk zijn, vooral op het gebied van schrijven. Ze hebben het talent om buiten de gebaande paden te denken en unieke en innovatieve ideeën te ontwikkelen.

BOOGSCHUTTER

Boogschutter is het negende teken van de zodiak en legt de nadruk onder meer op doelgerichtheid, kennis en optimisme. Op werelds niveau regeert Boogschutter over export, lange reizen, grootschalig vervoer, lucht- en ruimtevaart, hoger onderwijs, universiteiten, het Vaticaan, buitenlandse landen, omroepen, profeten, visies, reclamebureaus, paarden, de wereld van de paardensport, redacteuren, filosofie en theologie. Hieronder vindt je enkele van de positieve eigenschappen, kwaliteiten en kenmerken die met het zodiakteken Boogschutter worden geassocieerd:

1. **Avontuurlijk**: Boogschutters zijn avontuurlijk en houden van het ontdekken van nieuwe dingen. Ze zijn nieuwsgierig naar nieuwe ervaringen en genieten van verre reizen, buitenactiviteiten of het proberen van nieuwe gerechten en culturen.
2. **Optimistisch**: Boogschutters zijn optimistisch en positief. Ze hebben een *hands-on* mentaliteit en zien het positieve in elke situatie.
3. **Intellectueel**: Boogschutters zijn intellectueel en filosofisch. Ze hebben een talent voor abstract denken en kunnen aangetrokken worden tot onderwerpen zoals religie, spiritualiteit of metafysica.
4. **Onafhankelijk**: Boogschutters zijn onafhankelijk en zelfstandig. Ze waarderen hun vrijheid en laten zich niet graag beperken door verplichtingen.
5. **Humoristisch**: Boogschutters, vooral als ze hun onbewuste zelf, Tweelingen, hebben geïntegreerd, zijn vaak humoristisch en onbezwaard. Ze vinden het leuk om anderen aan het lachen te maken en hebben vaak een scherp gevoel voor humor.
6. **Enthousiast**: Boogschutters zijn enthousiast en gepassioneerd. Ze storten zich met enthousiasme en energie in hun werk, interesses en hobby's.
7. **Nieuwsgierig**: Boogschutters zijn nieuwsgierig en leergierig. Ze

hebben een dorst naar kennis en zijn geïnteresseerd in een breed scala aan onderwerpen.

8. **Open-minded**: Boogschutters zijn open-minded en accepteren anderen. Ze oordelen niet over anderen en zijn bereid om andere perspectieven en ideeën te horen.

9. **Gul**: Boogschutters zijn gul en vrijgevig. Ze kunnen zich inzetten voor filantropische doeleinden of gewoon genieten van het helpen van anderen en het geven van cadeaus.

10. **Ethisch**: Boogschutters zijn ethisch en principieel. Ze hebben een sterk gevoel van goed en kwaad en voelen zich misschien aangetrokken tot een carrière op het gebied van recht, sociale rechtvaardigheid of activisme.

SAMENVATTING VAN DE NEGATIEVE EIGENSCHAPPEN VAN TWEELINGEN & BOOGSCHUTTER

TWEELINGEN

1. **Oppervlakkigheid**: Tweelingen kunnen erg oppervlakkig zijn en zich te veel richten op uiterlijkheden of andere oppervlakkige zaken.

2. **Inconsistentie**: Tweelingen kunnen inconsistent zijn en hebben moeite om aan verplichtingen te voldoen of stabiele relaties te onderhouden.

3. **Besluiteloosheid**: Tweelingen kunnen besluiteloos zijn en het moeilijk vinden om belangrijke beslissingen te nemen of zich aan een bepaalde aanpak te houden.

4. **Rusteloosheid**: Tweelingen kunnen rusteloos zijn en worstelen met verveling of het gevoel gevangen te zitten op een plek of in een situatie.

5. **Babbelziek**: Tweelingen kunnen babbelziek zijn en hebben moeite om vertrouwelijke informatie voor zich te houden.

6. **Twee gezichten**: Tweelingen kunnen twee gezichten hebben en verschillende dingen zeggen tegen verschillende mensen of verschillende persoonlijkheden laten zien in verschillende situaties. Ze kunnen ook moeite hebben om hun beloftes na te komen of om op tijd te verschijnen.

7. **Verslaafd aan sociale media**: Van alle zodiaktekens lopen Tweelingen het meeste risico om verslaafd te raken aan (sociale) media en daardoor volledig los te komen van het echte leven.

8. **Stelen**: De negatieve Tweeling kan betrokken raken bij diefstal of allerlei vormen van frauduleuze activiteiten, inclusief cybercriminaliteit.

9. **Impulsief**: Tweelingen kunnen impulsief zijn en handelen zonder de dingen te overdenken, wat soms tot slechte beslissingen kan leiden.

10. **Angstig**: Tweelingen kunnen angstig zijn en worstelen met zorgen of overmatig piekeren, wat kan leiden tot stress en angst. Bij jonge Tweelingen kan dit vervlochten zijn met het dan nog moeilijk kunnen pakken van een eigen identiteit en standpunt.

BOOGSCHUTTER

1. **Ongeduldig**: Boogschutters kunnen ongeduldig zijn en moeite hebben om te wachten op dingen of mensen.

2. **Direct**: Boogschutters kunnen direct zijn en geneigd zijn hun mening te uiten zonder rekening te houden met tact.

3. **Ongevoelig**: Boogschutters kunnen ongevoelig en onbeschoft zijn en de neiging hebben om hun eigen behoeften en wensen boven die van anderen plaatsen. Dit kan versterkt worden als hun Mercurius in Schorpioen of Steenbok staat.

4. **Rusteloos**: Boogschutters kunnen rusteloos zijn en de neiging hebben om nieuwe ervaringen of avonturen te zoeken ten koste van stabiliteit en consistentie.

5. **Arrogant**: Boogschutters kunnen arrogant zijn en de neiging

hebben te geloven dat ze altijd gelijk hebben.

6. **Onverantwoordelijk**: Boogschutters kunnen onverantwoordelijk zijn en het moeilijk vinden om aan hun verplichtingen te voldoen.

7. **Tegenstrijdig**: Boogschutters kunnen inconsequent zijn en de neiging hebben hun mening of richting vaak te veranderen.

8. **Impulsief**: Boogschutters kunnen impulsief zijn en, net als Vuurteken Ram, de neiging hebben te handelen zonder de gevolgen te overdenken.

9. **Beoordelend**: Boogschutters kunnen beoordelend zijn en de neiging hebben om een mening te vormen over mensen of situaties zonder ze volledig te begrijpen.

10. **Hypocriet**: Boogschutters, die zich vaak aangetrokken voelen tot invloedrijke posities in de politiek, op universiteiten en in religieuze organisaties, kunnen moeite hebben om hun persoonlijke waarden en professionele ambities met elkaar in overeenstemming te brengen. In sommige gevallen kan een Boogschutter worstelen met de verleiding om zijn professionele ambities voorrang te geven boven zijn ethische principes, wat kan leiden tot hypocriet gedrag.

Kreeft – Steenbok as

*Voor iedereen die geboren is onder het teken van Kreeft
(21 juni - 22 juli) of Steenbok (22 december - 19 januari)*

De Kreeft-Steenbok as staat voor een balans tussen verzorging en structuur. Kreeft staat voor zorgzaamheid, emotionele verbondenheid en het familieleven, terwijl Steenbok staat voor structuur, verantwoordelijkheid en carrière. Deze as verbindt ook de behoeften die iemand in zijn privéleven heeft met de verplichtingen die zijn openbare leven vereist. De energie van Steenbok is aards, vast en conceptgericht, terwijl de energie van Kreeft vloeiend is en reageert op subtiele energieën en de emotionele realiteit. Steenbok wordt geregeerd door Saturnus, terwijl Kreeft wordt geregeerd door de Maan.

Bekende mensen geboren onder Kreeft:	**Bekende mensen geboren onder Steenbok:**
Princess Diana - July 1, 1961	Martin Luther King Jr. - January 15, 1929
Tom Hanks - July 9, 1956	Muhammad Ali - January 17, 1942
Elon Musk - June 28, 1971	Kate Middleton - January 9, 1982
Selena Gomez - July 22, 1992	Dolly Parton - January 19, 1946
Liv Tyler - July 1, 1977	Bradley Cooper - January 5, 1975
Meryl Streep - June 22, 1949	Elvis Presley - January 8, 1935
Sylvester Stallone - July 6, 1946	David Bowie - January 8, 1947
Post Malone - July 4, 1995	Lin-Manuel Miranda - January 16, 1980
Lindsay Lohan - July 2, 1986	Denzel Washington - December 28, 1954
Harrison Ford - July 13, 1942	David Lynch - January 20, 1946

KREEFT

Als Kreeft kun je je leven aanzienlijk verbeteren door deze Steenbok-kwaliteiten te integreren:

- **Discipline**: Steenbok staat bekend om zijn discipline en ijver, en Kreeft kan hiervan profiteren door meer van deze eigenschap in zijn eigen leven te integreren om zijn doelen en wensen te bereiken. Kreeft kan van Steenbok leren gezonde grenzen te stellen, verantwoordelijkheid te nemen en langdurige doelen na te streven.
- **Verantwoordelijkheid**: Steenbok is zeer verantwoordelijk en betrouwbaar, en Kreeft kan hiervan profiteren door dit gevoel van verantwoordelijkheid ook in zijn privé- en professionele leven over te nemen.
- **Organisatie**: Steenbok wordt vaak geassocieerd met organisatie en planning, en Kreeft kan hiervan profiteren door meer van deze zin voor structuur en organisatie in zijn eigen leven te brengen. Je kunt je zorgcapaciteiten gebruiken om een stabiele en ondersteunende thuissituatie te creëren, terwijl je tegelijkertijd je professionele ambities nastreeft.
- **Ambitie**: Steenbok is zeer ambitieus en vastberaden, en Kreeft kan hiervan profiteren door dezelfde ambitie en vastberadenheid te ontwikkelen om zijn eigen doelen en streven na te streven.
- **Objectiviteit**: Steenbok staat bekend om zijn praktische en *down-to-earth* aanpak, en Kreeft kan hiervan profiteren door zich deze zin voor praktische zaken eigen te maken om weloverwogen beslissingen te nemen en realistische doelen na te streven.
- **Geduld**: Steenbok is zeer geduldig en volhardend, en Kreeft kan hiervan profiteren door hetzelfde geduld te ontwikkelen om uitdagingen te overwinnen en obstakels te overwinnen.
- **Langetermijnplanning**: Steenbok wordt vaak geassocieerd met langetermijnplanning en vooruitziendheid, en Kreeft kan hiervan profiteren door deze zin voor toekomstgericht denken sterker in zijn eigen leven toe te passen.

STEENBOK

Als Steenbok kun je je leven aanzienlijk verbeteren door deze Kreeft-
kwaliteiten te integreren:

- **Emotionele intelligentie**: Kreeften staan bekend om hun emotionele intelligentie en hun vermogen om op een diep niveau verbinding te maken met anderen, en de Steenbok kan hiervan profiteren door in zijn of haar eigen relaties dezelfde gevoeligheid voor emoties te ontwikkelen.
- **Zorgzaamheid**: Kreeften zijn zeer zorgzaam en empathisch, en de Steenbok kan hiervan profiteren door deze gevoelens van medeleven en empathie ook in zijn persoonlijke en professionele relaties te ontwikkelen. Zorgzaamheid omvat ook het zorgen voor de eigen behoeften. De Kreeft kan de Steenbok ook helpen om neigingen naar overwerk of verwaarlozing van persoonlijke relaties te herkennen en aan te pakken.
- **Creativiteit**: Kreeften worden vaak geassocieerd met creativiteit en verbeeldingskracht, en de Steenbok kan hiervan profiteren door meer van deze innovatieve en originele geest in zijn werk en persoonlijke projecten te brengen. Meestal is het eigenlijke proces van creatief ontwaken bij Steenbokken niets anders dan een proces van *ontkrampen*.
- **Intuïtie**: Kreeften zijn zeer intuïtief en in staat om te voelen wat anderen voelen. De Steenbok kan hiervan profiteren door deze zintuiglijke intuïtie te ontwikkelen om betere beslissingen te nemen en complexe situaties aan te pakken. Hoe minder conservatief de Steenbok zich opstelt, hoe meer intuïtief hij of zij zich zal worden.
- **Flexibiliteit**: De Kreeft kan de Steenbok ook helpen om neigingen naar starheid of inflexibiliteit te herkennen en te bestrijden, die zijn vermogen om zich aan veranderende omstandigheden aan te passen kunnen belemmeren. Kreeften zijn vaak meer flexibel en in staat om met veranderingen om te gaan, en de Steenbok kan hiervan

profiteren door meer van deze eigenschap in zichzelf op te nemen, om open te blijven staan voor nieuwe kansen en mogelijkheden.

- **Familiewaarden en privéleven**: Kreeften zijn erg gericht op familie en hechten waarde aan nauwe relaties met hun geliefden, en de Steenbok kan hiervan profiteren door deze zin voor familiewaarden in zijn eigen leven over te nemen. Ook leert het teken Kreeft het grote belang van het voeden van een privéleven ten opzichte van het openbare carrièreleven, waar Steenbokken vaak meer toe neigen. Zonder het een raakt het andere ondervoed.

- **Empathie**: Kreeften staan bekend om hun empathie en hun vermogen om subtiele nuances in hun omgeving waar te nemen. De Steenbok kan hiervan profiteren door dezelfde empathie te ontwikkelen om de behoeften van zijn medemensen beter te begrijpen. Meestal komt dit er in de praktijk simpelweg op neer de neiging te overwinnen om de eigen gevoelsdimensie niet in iedere situatie te onderdrukken of te bagatelliseren, maar vaker toe te laten.

KREEFT & STEENBOK BETER BEGRIJPEN

Kreeften zijn empathische en emotionele wezens, wat hen goede luisteraars en vrienden maakt. Ze zijn intuïtief en kunnen de emoties van anderen aanvoelen, waardoor ze uitstekende emotionele steun kunnen bieden. Kreeften staan bekend om hun zorgzaamheid en vinden het fijn om voor de mensen te zorgen die ze liefhebben. Ze staan ook bekend om hun loyaliteit en toewijding aan hun familie en geliefden. Kreeften hechten veel waarde aan hun relaties. Ze hebben de neiging om zorgzaam en ondersteunend te zijn in hun relaties en vinden het fijn om voor hun partner te zorgen. Ze hebben echter wel een partner nodig die hun gevoeligheid begrijpt en accepteert. Ze hebben verder een neiging tot romantiek en genieten ervan om thuis een gezellige en intieme sfeer te creëren.

Kreeften kunnen humeurig en (over)gevoelig zijn. Ze hebben vaak te maken met een emotionele instabiliteit en hoge gevoeligheid, omdat ze veel 'verborgen' energetische informatie uit de omgeving en andere mensen oppikken, wat ervoor kan zorgen dat ze plotseling op onvoorspelbare wijze humeurig worden – iets wat anderen zelden begrijpen. Kreeften hebben ook de neiging om vast te houden aan wrok en kunnen erg defensief zijn. Kreeften kunnen onzeker zijn in relaties en hebben constante bevestiging nodig van hun geliefden. Om emotionele redenen kunnen ze zich abrupt terugtrekken uit sociale situaties. Ook hebben ze de neiging om eisen te stellen, vooral emotionele eisen.

Aan de positieve kant kan het teken Kreeft degenen die er onder geboren zijn, een hoge emotionele intelligentie geven. Vooral als ze hun emotionele instabiliteit onder controle hebben door integratie van hun onbewuste zelf, de Steenbok, kunnen Kreeften harde en vasthoudende werkers worden, die zeer toegewijd zijn aan hun werk. Het verhaal van Sylvester Stallone, die ondanks gezichtsverlamming volhield en bij duizend sollicitaties werd afgewezen, getuigt van bijna bovenmenselijke vastberadenheid. Ook Mike Tyson, bekend om zijn knock-out slagen, stelt het cliché van de overgevoelige Kreeft ter discussie. Degenen geboren onder dit teken hebben de neiging om beroepen te kiezen waarbij ze anderen helpen, zoals verpleging, maatschappelijk werk, onderwijs en advies. Kreeften zijn echter ook vaak creatief en fantasierijk, wat hen tot fascinerende kunstenaars, acteurs, schrijvers en muzikanten kan maken. Ze werken graag vanuit huis, omdat ze primair introverte wezens zijn en een rustige en vredige omgeving verkiezen.

Steenbok en verantwoordelijkheid, een weg naar vrijheid

Om Steenbok als rauwe energie te begrijpen, moet men zijn heerser Saturnus begrijpen. Saturnus en Steenbok heersen over de harde delen van ons lichaam, harde karaktereigenschappen, koude en onverwoestbaarheid, want Saturnus belichaamt het metafysische principe van negatieve singulariteit. Deze planeet vertegenwoordigt hiermee een elementaire energie, namelijk het principe van contractie zelf. In de menselijke psyche betekent contractie angst en behoefte aan controle vanwege angst en gebrek aan creatieve moed, wat Saturnus-energie tot de moeilijkst te beheersen en te integreren energie maakt. Dit geldt niet alleen voor Steenbokken en Kreeften, maar voor alle tekens.

Saturnus wordt meestal verkeerd begrepen omdat hij oorspronkelijk geassocieerd wordt met angst en controle, evenals met ernst, heiligheid, duisternis en ontzag voor status. Saturnus is echter niet serieuzer dan elke andere planeet en zou dus ook als elke andere planeet behandeld moeten worden. Net zoals elke vogel zingt zoals deze gebekt is, toont Saturnus zijn saturnale eigenschappen in plaats van 'serieuze' eigenschappen. Dit op deze manier begrijpen van Saturnus is cruciaal voor de ontwikkeling van zijn positieve eigenschappen, waaronder structurering en vorming, verantwoordelijkheid nemen, doorzettingsvermogen, realisme, stabiliteit en goede tijdsplanning. Het opdoen van ervaring en expertise is ook een positieve eigenschap die verbonden is met Saturnus en Steenbok. Ervaring en expertise staan immers voor het aarden van ideeën, plannen en processen, die zonder deze gravitatiekrachten in het luchtledige blijven hangen en niet bijdragen tot zelfontwikkeling en bewustzijnsgroei. Positieve Steenbokken beseffen dit en zijn daarom betrouwbaar, toegewijd, hardwerkend, perfectionistisch en beschikken over uitstekende logische en technische vaardigheden.

De stofwisseling van Steenbok is de meest efficiënte van alle zodiaktekens. De positieve Steenbok heeft geleerd om de

schaduwkanten van zijn teken te herkennen en weet de neiging
tot zinloze ambitie te vermijden. Hij/zij heeft een goed gevoel
voor humor en is in staat om van het leven te genieten. Ook al
kunnen er fouten worden gemaakt, de positieve Steenbok weet dat
een proactieve houding nodig is om vrijheid te bereiken. Als elke
persoon op deze planeet, ongeacht zijn achtergrond, pijn of trauma
en ongeacht de oorzaak hiervan, de slachtofferrol bewust zou
loslaten en de volledige verantwoordelijkheid voor zijn eigen leven
zou nemen, zou de wereld echt een betere plek kunnen worden. Het
kunstmatige systeem van gesimuleerde realiteit dat momenteel in de
wereld bestaat, zou instorten en een natuurlijk menselijk systeem zou
ontstaan waarin miljarden unieke processen dagelijks plaatsvinden.
Elk individu zou streven om op een eigen manier te gedijen, zijn/haar
talenten te benutten om zijn/haar volledige potentieel te bereiken.
Het bestaan zou langzaam evolueren van 'gedwongen organisatie en
controle' naar een staat van 'organisch gedijen en ontwikkelen'.

Positieve Steenbokken zijn daarom gedisciplineerde en gefocuste
mensen die hun doelen willen bereiken. Ze zijn ambitieus
en hardwerkend, nuchter en hebben een sterk gevoel van
verantwoordelijkheid tegenover zichzelf en anderen. Steenbokken
staan bekend om hun objectiviteit en hun vermogen om op ervaring
gebaseerde en pragmatische beslissingen te nemen. Bovendien zijn ze
geduldig en volhardend en geven ze niet snel op.

Carrière en werk zijn erg belangrijk. Steenbokken zijn toegewijde
mensen die hoge doelen stellen. Ze zijn vastberaden, gedisciplineerd,
gefocust en hebben een sterk verantwoordelijkheidsgevoel voor hun
werk, wat hen uitstekende managers van projecten en teams maakt.
Steenbokken onderscheiden zich in beroepen binnen gebieden als
economie, financiën, administratie en recht. Ze hebben vaak goede
leiderschapskwaliteiten. Ook kan de politiek hen aanspreken.

Tegenover anderen kunnen Steenbokken terughoudend en serieus zijn en ze hebben de neiging om hun gevoelens voor zich te houden. Ze zijn vaak niet erg expressief en kunnen koel of afstandelijk overkomen. Steenbokken staan er ook om bekend voorzichtig en conservatief te zijn en hebben de neiging om risico's te vermijden. Op emotioneel niveau zouden Steenbokken regelmatig aan zelfzorg moeten doen en vermijden om emoties op te kroppen.

Steenbokken hechten waarde aan stabiliteit en veiligheid in hun relaties en hebben de neiging om toegewijde en loyale partners te zijn. Omdat ze praktisch en pragmatisch zijn, hebben ze echter de neiging om hun relaties op een te praktische manier aan te pakken, wat hen kan uitdagen op het gebied van emoties en zelfexpressie. Ze kunnen ook worstelen met perfectionisme en hun hoge eisen aan zichzelf en anderen. Aan de positieve kant zijn er veel Steenbokken die hun eigen ernst niet zo serieus nemen en een goed gevoel voor humor hebben, wat hun persoonlijkheid zeer verheft. De Britse Steenbok-komiek Rowan Atkinson is daar een goed voorbeeld van.

De tweestrijd tussen Kreeft en Steenbok

De Kreeft staat bekend als het teken van de gewone mensen, terwijl de Steenbok bekend staat als het teken van de heersers en regeringen. Deze tweedeling ontstaat min of meer vanzelf doordat de Kreeft het privé- en persoonlijke leven vertegenwoordigt, terwijl de Steenbok het publieke, professionele leven vertegenwoordigt.

Kreeft wordt geassocieerd met thuis, familie en persoonlijk leven. Mensen geboren onder dit teken zijn zorgzaam, empathisch en emotioneel. Ze hechten waarde aan hun relaties met hun dierbaren en creëren graag een gezellig en intiem thuis. Kreeften hebben de neiging om hun persoonlijke behoeften en die van hun familie voorrang te geven boven hun beroepsplichten. De Steenbok wordt daarentegen geassocieerd met carrière, openbaar leven en overheid. Ze waarderen hun professionele status en hebben de neiging om hun plichten ten opzichte van hun baan en de samenleving boven hun persoonlijke behoeften te stellen – en eisen dat heel vaak ook van anderen.

Kreeft-geborenen waarderen emotionele steun en voedende relaties die ze vinden in hun gezin en hun thuisomgeving. Over het algemeen zijn Kreeft-geborenen tevreden met een eenvoudig leven dat hen in staat stelt zich te concentreren op hun persoonlijke behoeften. Steenbokken daarentegen hebben de neiging om hun professionele taken en verantwoordelijkheden op de voorgrond te plaatsen. Ze waarderen hun positie in de maatschappij en hebben de neiging om ambitieus te zijn in hun carrière. Het is hierbij dus belangrijk op te merken dat onze gevoelens niet per se ons denken en onze besluitvormingsprocessen vertroebelen. In tegendeel; als we streven naar een carrière die niet overeenkomt met onze ware wensen en doelen, worden we ongewild onze eigen obstakels. Dit pad leidt bij honderden miljoenen mensen tot een burn-out of chronische ontevredenheid. Kreeft benadrukt hoe belangrijk het is om ons innerlijk te koesteren en onze diepste behoeften te vervullen, die misschien niets te maken hebben met de buitenwereld, maar ons wel grote voldoening schenken. Uiteindelijk verliest het leven zonder gevoelens alle essentie.

Steenbok-politici zouden zich primair moeten richten op de behoeften van de mensen die ze vertegenwoordigen en zich niet alleen op de 'hogere politiek' moeten concentreren. Het is belangrijk dat ze regelmatig communiceren met het publiek en ervoor zorgen dat hun beleid en beslissingen overeenkomen met de belangen van de bevolking. Burgers moeten echter ook een actieve rol spelen bij het vormgeven van onze samenleving en nooit passief op politici vertrouwen. We kunnen verantwoordelijkheid nemen voor ons leven, door op de hoogte te blijven via onafhankelijke nieuwsbronnen, en ons vervolgens inzetten voor kwesties die voor ons belangrijk zijn. Door de rol als burger (Kreeft) zelf maximaal ter hand te nemen, kunnen we bijdragen aan het minimaliseren van politieke interventies om maatschappelijke problemen op te lossen.

SAMENVATTING VAN DE POSITIEVE EIGENSCHAPPEN VAN KREEFT & STEENBOK

KREEFT

Kreeft is het vierde teken van de zodiak en legt de nadruk op emotionele realiteit en bescherming. Op werelds niveau regeert Kreeft over huis, familie, verzorging, emotionele intelligentie, psychologie, geschiedenis, archeologie, mariene biologie, eten en drinken, gastvrijheid en interieurontwerp. Hier zijn enkele van de positieve eigenschappen, kwaliteiten en kenmerken die worden geassocieerd met het teken Kreeft:

1. **Emotionele intelligentie**: Kreeftmensen ontwikkelen doorgaans een diep begrip van hun eigen emoties en die van anderen. Ze zijn zeer empathisch en intuïtief en kunnen vaak de behoeften en gevoelens van anderen aanvoelen.
2. **Zorgzaam**: Kreeftmensen zijn natuurlijke verzorgers en verzorgers. Ze hebben een sterk verlangen om voor de mensen van wie ze houden te zorgen en hen te beschermen, en worden vaak beschouwd als de 'moeder' of 'vader' van hun vriendengroep.
3. **Loyaliteit**: Kreeftmensen zijn zeer loyaal aan de mensen van wie ze houden. Ze zijn toegewijd en betrokken en zullen alles doen om hun dierbaren te beschermen en te ondersteunen.

4. **Creativiteit**: Kreeftmensen zijn vaak creatief en fantasierijk. Menige Kreeft heeft een talent om zich uit te drukken door middel van kunst, muziek, schrijven of andere vormen van creatieve expressie. Mercurius of Maan in Leeuw verhoogt deze optie sterk.

5. **Intuïtie**: Kreeften zijn zeer intuïtief en kunnen vaak de gevoelens en emoties van anderen aanvoelen voordat ze zelfs worden uitgesproken. Ze hebben een talent om de onuitgesproken behoeften van hun medemensen te begrijpen. De Kreeft-gevoeligheid kan in sommige gevallen zelfs overgaan in het mediamieke. Kreeft is vanouds sterk vertegenwoordigd onder mediums.

6. **Sfeergevoeligheid**: Kreeftmensen zijn zeer gevoelig voor psychosferische informatie, zoals genii loci, het weer, de Maan-fasen en dergelijke. De wereld om hen heen raakt hen energetisch diep en ze reageren dan ook vaak sterk op hun omgeving.

7. **Doorzettingsvermogen**: Kreeftmensen zijn vaak vasthoudend en vastberaden. Ze hebben een sterke arbeidsethos en zijn bereid tijd en moeite te investeren om hun doelen te bereiken.

8. **Huiselijkheid**: Kreeften zijn sterk verbonden met hun huis en familie. Ze waarderen hun huiselijke leven en geven vaak voorrang aan hun thuissituatie boven andere aspecten van hun leven.

9. **Aanpassingsvermogen**: Kreeftmensen zijn aanpasbaar en flexibel. Ze kunnen zich snel en gemakkelijk aanpassen aan nieuwe situaties en omgevingen.

10. **Sterk geheugen**: Opvallend veel Kreeften hebben een fotografisch geheugen. Het is interessant dat astrologen 'geschiedenis' ook onder het teken Kreeft scharen. Al wordt deze juist heel vaak geschreven (verdraaid) door de heersende macht van de tijd (Steenbok).

STEENBOK

De Steenbok is het tiende teken in de zodiak en legt de nadruk op vastberadenheid, discipline en ambitie. Op werelds niveau heerst de Steenbok over de status quo, consensus, zaken, management, politiek, overheid, wetshandhaving, financiën, economie, architectuur, technologie en bergbeklimmen. Hier zijn enkele van de positieve eigenschappen, kwaliteiten en kenmerken die worden geassocieerd met het zodiakteken Steenbok:

1. **Ambitieus**: Steenbokken zijn ambitieus en doelgericht. Ze hebben een sterke wens om succesvol te zijn in hun gekozen beroep of vakgebied en zijn bereid hard te werken om hun doelen te bereiken. Deze drang wortelt vaak in de behoefte aan onafhankelijkheid.
2. **Verantwoordelijk**: Steenbokken zijn verantwoordelijk en betrouwbaar. Ze nemen hun verplichtingen serieus en worden vaak beschouwd als de 'volwassenen' in hun vriendengroep.
3. **Praktisch**: Steenbokken zijn praktisch en nuchter. Ze hebben een scherp gevoel voor realiteit en zijn in staat om weloverwogen, logische of pragmatische beslissingen te nemen.
4. **Gedisciplineerd**: Steenbokken zijn zeer gedisciplineerd en gefocust. Ze hebben een zeer sterke werkethiek en zijn in staat om lang gefocust te blijven en hun doelen te bereiken.
5. **Georganiseerd**: Steenbokken zijn goed georganiseerd en efficiënt. Ze hebben een talent voor planning en zijn in staat om hun tijd en middelen effectief te beheren.
6. **Geduldig**: Steenbokken zijn geduldig en volhardend. Ze zijn in staat om vast te houden en te werken aan hun doelen, ook als ze maar langzaam vooruitgang boeken.
7. **Betrouwbaar**: Positieve Steenbokken zijn heel betrouwbaar. Ze nemen hun verplichtingen serieus en komen hun beloften na.
8. **Zelfmotivatie**: Steenbokken zijn behalve zelfgedisciplineerd

goed in staat om zelf doelen te stellen en eraan te werken zonder externe motivatie van een coach of groep, etc.

9. **Strategisch**: Steenbokken zijn strategisch en gericht op de toekomst. Ze hebben een talent voor planning en zijn in staat om het grotere geheel te zien bij beslissingen. Hoe meer Kreeft is geïntegreerd, hoe beter dit verloopt en hoe realistische de strategie uitpakt. Dit geldt met name voor Steenbok-bestuurders en -politici.

10. **Vindingrijk**: Steenbokken zijn vindingrijk en praktische probleemoplossers. Ze zijn in staat om creatieve oplossingen te vinden voor uitdagingen en worden vaak door hun vrienden en collega's beschouwd als 'probleemoplossers'. Vaak is er meer dan gemiddeld technisch inzicht aanwezig.

SAMENVATTING VAN DE NEGATIEVE EIGENSCHAPPEN VAN KREEFT & STEENBOK

KREEFT

1. **Wispelturig**: Kreeften kunnen wispelturig zijn en vaak ongecontroleerde stemmingswisselingen of schommelingen in emoties ervaren.

2. **Overgevoelig**: Kreeften kunnen overgevoelig zijn en dingen persoonlijk opvatten of gemakkelijk gekwetst worden. Ze kunnen overdreven of ongepast defensief reageren op kritiek of feedback. De gevoeligheid kan ook slaan of vervuiling, zoals gifstoffen in lucht, water of voedsel en straling.

3. **Aanhankelijk**: Kreeften kunnen aanhankelijk zijn en het moeilijk vinden om zich los te maken van mensen of situaties die niet meer gezond of nuttig zijn.

4. **Passief-agressief**: Kreeften kunnen passief-agressief zijn en hun negatieve gevoelens op een indirecte of subtiele manier uiten. Ze

kunnen ook iets lang oppotten en het er dan ineens uitgooien tijdens een meer assertief moment.

5. **Bezitterig**: Kreeften kunnen bezitterig zijn en worstelen met jaloezie of controlerend gedrag in relaties.

6. **Onzekerheid**: De Kreeft kan onzeker zijn en worstelen met zelftwijfel of een laag zelfbeeld.

7. **Wrok koesteren**: Kreeften kunnen wrok koesteren en negatieve gevoelens jegens anderen lang vasthouden.

8. **Te introvert**: Kreeften kunnen te introvert zijn, ze missen soms de moed of vastberadenheid om zich los te maken van negatieve relaties of situaties. De vrouwelijke of 'introverte' tekens van de zodiak (Water en Aarde-tekens) hebben in een paradox juist de optie veel sterker in hun schoenen te staan dan de mannelijke of extraverte tekens (Vuur en Lucht-tekens). Dit ligt in het feit dat bij de Aarde en Water-tekens de eigenwaarde primair wordt afgemeten aan innerlijke verworvenheden en niet aan reacties van buitenaf, zoals bij de Vuur en Lucht-tekens het geval is. De meeste mensen zijn overigens een mix van introverte en extraverte tekens.

9. **Vermijdend**: Kreeften kunnen vermijdend zijn als ze moeite hebben om zich aan te passen aan moeilijke situaties of moeilijke gesprekken moeten te voeren. De angst kan dan toeslaan en de Kreeft is dan even niet thuis.

10. **Claimen**: Kreeften kunnen neigen naar emotionele chantage en zo een energiezuiger worden.

STEENBOK

1. **Pessimistisch**: De Steenbok kan pessimistisch zijn en neigt zich te concentreren op de negatieve aspecten van een situatie of uitkomst. Dit is een psychische deformatie van de contractiekracht van Steenbok-heerser Saturnus en niet iets om serieus te nemen.

2. **Koppig**: Steenbokken kunnen koppig zijn en vasthouden aan hun eigen meningen of ideeën, zelfs als ze nieuwe informatie of bewijs krijgen die tot ander inzicht dwingt.

3. **Koud**: Steenbokken kunnen koud zijn en vinden het vaak moeilijk om emoties uit te drukken of zich op een emotioneel niveau met anderen te verbinden.

4. **Materialistisch**: Steenbokken kunnen materialistisch zijn en neigen ernaar rijkdom, status en bezittingen hoog in het vaandel te hebben staan.

5. **Controlerend**: Steenbokken kunnen excessief controlerend zijn en neigen ertoe situaties of mensen te manipuleren om te krijgen wat ze willen.

6. **Veroordelend**: De Steenbok kan veroordelend zijn en een mening vormen over mensen of situaties zonder ze echt te begrijpen of te willen begrijpen. Als Saturnus doorslaat in de verkeerde richting treedt zelfs regelrechte kwaadaardigheid op, die daarna met alle macht wordt ontkend.

7. **Onbuigzaam**: De Steenbok kan inflexibel zijn en zich verzetten tegen veranderingen of nieuwe manieren van denken, ook wanneer overduidelijk is dat het ingenomen standpunt niet houdbaar is of totaal belachelijk. Dit verschijnsel is dagelijks waarneembaar onder politici en heeft te maken met het willen behouden van status.

8. **Workaholic**: Steenbokken kunnen workaholics zijn en hebben de neiging om werk of carrière prioriteit te geven boven andere aspecten van hun leven, zoals relaties of hobby's.

9. **Conservatief**: De Steenbok kan star zijn en de neiging hebben om zich strikt aan regels, richtlijnen of tradities te houden, ook in situaties waar dit niet gepast is.

10. **Afstandelijk**: De Steenbok kan afstandelijk zijn en de neiging hebben om anderen op afstand te houden, zelfs in nauwe relaties.

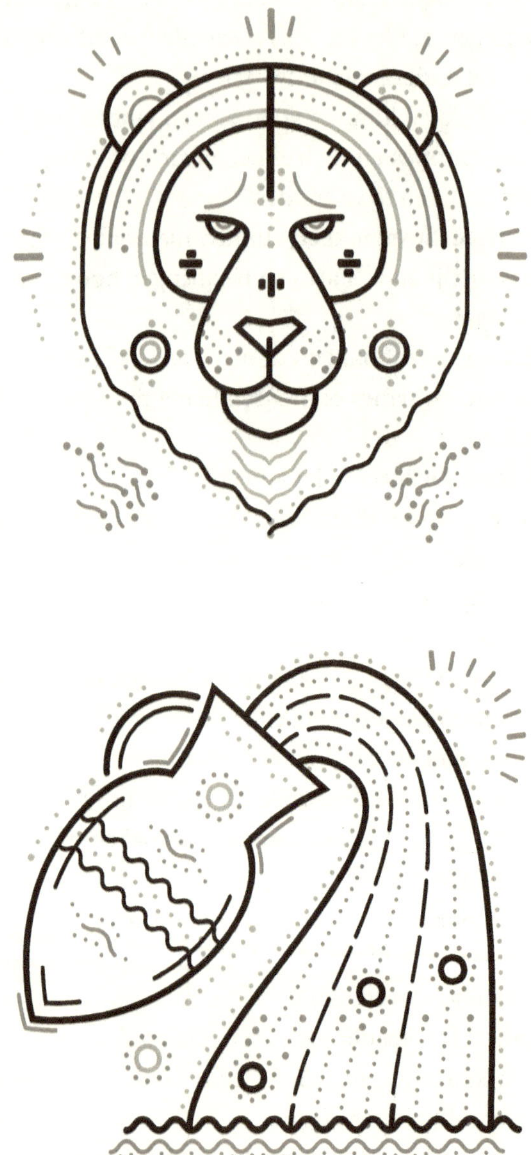

Leeuw – Waterman as

Voor degenen die geboren zijn onder Leeuw (23 juli - 22 augustus)
of Waterman (20 januari - 18 februari)

De Leeuw-Waterman as staat voor het evenwicht tussen zelfexpressie en gemeenschappelijk werk. Leeuw staat voor individuele creativiteit, zelfexpressie en leiderschap, terwijl Waterman staat voor collectief bewustzijn, sociale verandering en humaniteit. Leeuw kan profiteren van de nadruk van Waterman op sociale verantwoordelijkheid, samenwerking en het verruimen van het eigen perspectief. Aan de andere kant kan Waterman leren de nadruk van Leeuw op individualiteit, creativiteit en hartelijkheid te waarderen. Door het uitwisselen van deze eigenschappen kunnen Leeuw en Waterman hun horizon verbreden en veelzijdiger persoonlijkheden worden.

Bekende mensen geboren onder Leeuw:

Andy Warhol - August 6, 1928
Madonna - August 16, 1958
Jennifer Lopez - July 24, 1969
Kylie Jenner - August 10, 1997
Daniel Radcliffe - July 23, 1989
Arnold Schwarzenegger - July 30, 1947
Sandra Bullock - July 26, 1964
Mick Jagger - July 26, 1943
Mila Kunis - August 14, 1983
Steve Carell - August 16, 1962

Bekende mensen geboren onder Waterman:

Oprah Winfrey - January 29, 1954
Ellen DeGeneres - January 26, 1958
Cristiano Ronaldo - February 5, 1985
Bob Marley - February 6, 1945
Jennifer Aniston - February 11, 1969
Justin Timberlake - January 31, 1981
Abraham Lincoln - February 12, 1809
Shakira - February 2, 1977
Michael Jordan - February 17, 1963
Lord Byron - Januari 22, 1788

LEEUW

Als Leeuw kun je je leven aanzienlijk verbeteren door deze Waterman-kwaliteiten te integreren:

- **Open geest**: Waterman staat bekend om zijn openheid en vermogen om dingen vanuit verschillende perspectieven te bekijken. Leeuw kan hiervan profiteren door meer van deze eigenschap op te nemen om open te staan voor nieuwe ideeën en ervaringen. De liefde van Waterman voor leren en verkennen kan Leeuw helpen intellectueel nieuwsgierig te worden en zijn kennis op nieuwe manieren uit te breiden.
- **Innovatieve creativiteit**: Waterman wordt vaak geassocieerd met grensverleggende creativiteit. Door de baanbrekende en vooruitziende kwaliteiten van Waterman te integreren, kan Leeuw innovatiever worden in zijn eigen ondernemingen en opwindende ideeën ontwikkelen.
- **Onafhankelijk denken**: Waterman is sterk onafhankelijk en waardeert individualiteit. Leeuw kan hiervan profiteren door dit onafhankelijke denken over te nemen om beslissingen te nemen die in overeenstemming zijn met zijn eigen waarden en overtuigingen.
- **Menslievendheid**: Waterman wordt vaak geassocieerd met een sterk gevoel voor sociale rechtvaardigheid en humaniteit. Leeuw kan hiervan profiteren door meer van dit gevoel voor het algemeen belang in zijn eigen leven op te nemen.
- **Non-conformisme**: Waterman is vaak non-conformistisch en heeft geen angst om anders te zijn. Leeuw kan hiervan profiteren door dezelfde zin voor individualiteit te ontwikkelen en zich minder te bekommeren om de mening van anderen.
- **Op de gemeenschap gericht**: Leeuw kan profiteren door de gemeenschapsgerichte kwaliteiten van Waterman te integreren, wat hem kan helpen om zich sterker in te zetten voor sociale kwesties en iets terug te geven aan zijn gemeenschap.

- **Visionair denken**: Waterman wordt vaak geassocieerd met visionair denken en vooruitziendheid. Leeuw kan hiervan profiteren door dit toekomstgerichte denken over te nemen om zijn eigen langetermijndoelen en -inspanningen na te streven.

WATERMAN

Als Waterman kun je je leven aanzienlijk verbeteren door de integratie van deze Leeuw-kwaliteiten:

- **Zelfvertrouwen in zelfexpressie**: De Leeuw staat bekend om zijn zelfvertrouwen en zelfverzekerdheid, en de Waterman kan hiervan profiteren door hetzelfde zelfvertrouwen te ontwikkelen om zijn doelen en aspiraties na te streven. De Waterman kan ook profiteren van de integratie van de expressieve kwaliteiten van de Leeuw, die hem helpen zelfverzekerder te zijn en zijn ideeën met anderen te delen.
- **Creativiteit**: De Leeuw wordt vaak geassocieerd met creativiteit en artistieke expressie, en de Waterman kan hiervan profiteren door meer van deze zin voor originaliteit, creativiteit en een grotere waardering voor de kunsten in zijn eigen leven te integreren. De liefde van de Leeuw voor de kunsten kan de Waterman helpen een grotere waardering te ontwikkelen voor muziek, theater en andere vormen van creatieve expressie.
- **Leiderschap**: De Leeuw is vaak een natuurlijke leider en neemt verantwoordelijkheid in situaties, en de Waterman kan hiervan profiteren door deze leiderschapsstijl over te nemen om zijn doelen te bereiken en een positieve invloed uit te oefenen.
- **Passie en speelsheid**: De Leeuw is zeer gepassioneerd en vastberaden, en de Waterman kan hiervan profiteren door dezelfde zin voor passie en enthousiasme te ontwikkelen om zijn eigen interesses en doelen na te streven. De levendige en speelse aard van de Leeuw kan de Waterman helpen om meer onbezorgd te worden en meer van het leven te genieten.

- **Gulheid**: De Leeuw staat bekend om zijn vrijgevigheid en bereidheid om anderen te geven, en de Waterman kan hiervan profiteren door deze zin voor vrijgevigheid over te nemen in zijn persoonlijke relaties en zijn betrokkenheid in de gemeenschap.
- **Charisma**: De Leeuw is vaak charmant en charismatisch, en de Waterman kan hiervan profiteren door dezelfde zin voor charisma te ontwikkelen om beter in contact te komen met anderen en relaties op te bouwen.
- **Moed**: De Leeuw is vaak moedig en heeft geen angst om risico's te nemen of als centraal punt alle ogen op zich gericht te hebben. De Waterman kan hiervan profiteren door dezelfde moed te ontwikkelen om zijn eigen doelen na te streven en voor zijn overtuigingen op te komen.

LEEUW & WATERMAN BETER BEGRIJPEN

Er is een interessante verklaring voor de excentriciteit van de Waterman en het centralisme van de Leeuw. Uranus, de heerser van de Waterman, heeft een uitgesproken rotatieas die ongeveer loodrecht staat op de as van alle andere planeten. Deze astrofysische eigenschap weerspiegelt de onconventionele, innovatieve en zelfs rebelse aard van de Waterman. Mensen die onder dit teken geboren zijn, hebben vaak een vrije geest en een onafhankelijke persoonlijkheid en schuwen er niet voor om traditionele overtuigingen en normen in twijfel te trekken.

De Leeuw daarentegen wordt geregeerd door de Zon, die in het centrum van ons zonnestelsel staat. De Zon is de gravitatiekracht die alle planeten op hun baan houdt en haar stralingsenergie geeft onze planeet leven en vitaliteit. De vaste positie van de Zon in Leeuw weerspiegelt het sterke zelfvertrouwen en de leiderschapskwaliteiten die vaak met dit teken worden geassocieerd. Mensen die onder het teken van de Leeuw zijn geboren, staan bekend om hun zelfvertrouwen, charisma en vermogen om aandacht te trekken. Het teken van de Leeuw onderscheidt zich van alle andere tekens doordat de heerser van het teken (de Zon) ALTIJD in hetzelfde teken staat, en dat is natuurlijk de Leeuw! Dus als je een Leeuw bent, heb je ook altijd jouw heerser in je Zonneteken. Deze zeer stabiele positie van de heersende planeet is uniek ten opzichte van alle andere tekens van de zodiak. Een Ram kan bijvoorbeeld zijn heerser Mars in elk van de 12 tekens hebben, de Stier, geregeerd door Venus, heeft zijn heerser altijd in de Waterman, Vissen, Ram, Stier, Tweelingen, Kreeft of Leeuw, omdat Venus zich nooit meer dan 72 graden van de Zon verwijdert. Deze unieke situatie van de Leeuwen maakt hen tot sterke en zelfverzekerde persoonlijkheden. Aan de negatieve kant helpt dit niet bij zelfreflectie en kan het de zelfontwikkeling belemmeren.

De heersende planeet speelt een belangrijke rol in de horoscoop van een persoon en beïnvloedt zijn persoonlijkheid en karakter-eigenschappen. Als de heersende planeet zich in een ander teken bevindt dan de Zon, kan deze de zelfkennis bevorderen door de persoon in staat te stellen zijn of haar eigen functioneren te bekijken vanuit het perspectief van de energie en psychosfeer van dat teken. Bij Leeuw-individuen kan dit reflectie-effect echter ontbreken, omdat hun heersende planeet, de Zon, altijd in hun eigen teken staat, wat een potentieel blinde vlek en inherente zelfabsorptie met zich meebrengt. Gelukkig heeft het universum hier rekening mee gehouden door alle planeten tot segmenten van de essentie van de Zon zelf te maken, vergelijkbaar met de kleuren van het spectrum die facetten zijn van wit licht.

Degenen die geboren zijn onder het teken Leeuw staan daarom bekend om hun natuurlijke leiderschap. Ze zijn zelfverzekerd, ambitieus en hebben een sterk gevoel van eigenwaarde. Ze zijn niet bang om risico's te nemen en hebben geen angst om te falen. Bovendien zijn ze creatief, fantasierijk en hebben ze gevoel voor drama. Leeuwen zijn gepassioneerde en enthousiaste mensen. Ze hebben levensvreugde en zijn altijd op zoek naar nieuwe ervaringen. Ze zijn ook gul en warmhartig en vinden het leuk om hun geluk met anderen te delen. Leeuwen zijn van nature entertainers en vinden het leuk om in het middelpunt van de belangstelling te staan.

Aan de andere kant kunnen Leeuwen soms koppig en inflexibel zijn. Ze kunnen ook neigen naar arrogantie en overmatig egocentrisme. Ze kunnen de neiging hebben om anderen te domineren en te overstemmen, wat kan leiden tot conflicten in hun relaties. Leeuwen staan bekend om hun kracht en moed, maar ze hebben ook een gevoelige kant. Ze kunnen diep gekwetst worden door kritiek of afwijzing en soms te maken hebben met gevoelens van onzekerheid. Ondanks het aangeboren zelfvertrouwen van de Leeuw, kan hij kwetsbaar zijn. Juist dit zelfvertrouwen geeft hem namelijk een grote directheid en openheid, maar daarbij geeft de Leeuw ook meteen alles van zichzelf prijs. De Leeuw heeft, omdat hij als Zonneteken eigenlijk alle informatie en gevoelens al rudimentair in zich draagt, een unieke vorm van gevoeligheid voor anderen, wat ook de bron is van zijn warmte naar buiten toe. De Leeuw kan als het ware stralen als de Zon.

Als het gaat om zaken van het hart, staan Leeuwen bekend om hun gepassioneerde en romantische aard. Ze zijn vaak buitengewoon vrijgevig met hun tijd, aandacht en genegenheid en hebben er veel plezier in hun partners te overladen met cadeaus en aanbidding. Bovendien waarderen de meest ontwikkelde Leeuw-types waarden als moed, eerlijkheid en oprechtheid en zetten ze zich altijd in voor het recht van anderen.

In het bijzonder hebben Leeuwen een unieke affiniteit met kinderen, de kindertijd en de zorgeloze speelsheid die deze fase van ons leven kenmerkt. Vooral degenen onder de Leeuwen die weinig belang hechten aan sociale status of etiquette hebben de neiging deze kinderlijke levenshouding ook als volwassene te behouden en de dingen 'liever zonnig en avontuurlijk dan serieus' te nemen, maar niet uit naïviteit of escapisme. Deze leeuw-achtige eigenschap om het innerlijke kind te behouden ondanks alle tegenslagen, is vaak verweven met leeuw-achtige creativiteit, levenslust of artistieke ondernemingen.

Watermannen staan vooral bekend om hun onafhankelijke en individualistische aard. Ze waarderen hun vrijheid en onafhankelijkheid en schuwen vaak niet om hun mening te uiten, ook als die tegen de norm ingaat. Het zijn meestal vooruitstrevende denkers. Watermannen staan bekend om hun intelligentie en creativiteit. Omdat ze in staat zijn om *out-of-the-box* te denken en creatieve oplossingen te vinden, zijn ze geweldige probleemoplossers en altijd op zoek naar nieuwe en innovatieve manieren om een uitdaging aan te gaan. Regelmatig zijn het ook goede communicators en kunnen ze hun ideeën en meningen duidelijk en effectief uitdrukken. Watermannen neigen in de regel naar humanisme en altruïstisme en hebben een sterk verlangen om anderen te helpen en de wereld een betere plek te maken. Ze zijn van nature activistisch. Bovendien zijn ze *open-minded* en accepteren ze anderen, ongeacht hun verschillen.

Aan de andere kant zijn er ook veel Watermannen die emotioneel afstandelijk en ontoegankelijk zijn. Het kan moeilijk voor hen zijn om hun gevoelens uit te drukken, wat hen kil of emotieloos doet lijken. Bovendien kunnen ze de neiging hebben om zich tegen autoriteiten of tradities te verzetten, wat soms tot conflicten kan leiden in hun persoonlijke en professionele leven, los van het feit dat ze vaak gelijk hebben in hun verzet. Sommige Watermannen zijn sterk betrokken bij technologische ontwikkelingen en digitale innovaties, maar kunnen de daarmee samenhangende potentiële gevaren over het hoofd zien of opzettelijk negeren. In sommige gevallen kunnen ze een antisociale autocraat worden, totalitaire ideeën ondersteunen en ijskoude persoonlijkheden ontwikkelen. Zo speelde bijvoorbeeld de neoconservatieve oorlogszuchtige Dick Cheney een leidende rol bij de oprichting van FEMA-kampen in de Verenigde Staten en het totalitaire gedachtegoed daarachter.

Watermannen staan erom bekend dat ze complexe en onvoorspelbare partners zijn als het om liefde en relaties gaat. Ze hebben de neiging om intellectuele relaties met hun partners te prefereren, wat soms ten koste gaat van emotionele of seksuele intimiteit. Bovendien hebben Watermannen moeite om zich te binden en eisen ze vaak een hoge mate van vrijheid en onafhankelijkheid in hun relaties. Hoewel onafhankelijkheid belangrijk is, kan dit ertoe leiden dat Watermannen partners aantrekken die eveneens worstelen met verbintenissen en verplichtingen, waardoor zo'n relatie zeer instabiel wordt. Veel Watermannen blijven lang alleenstaand of kiezen bewust voor deze levensstijl.

De Leeuw-Waterman as staat algemeen bekend als de creatieve as. De Waterman is de ideeëngenerator en inspirator, terwijl de Leeuw de artistieke uitdrukking is. Beide zijn afhankelijk van elkaars synergie om hun creatieve prestaties te leveren. Zonder de Leeuw kan de Waterman vastlopen in zijn ideeën zonder iets tastbaars te produceren, of zijn activiteiten en visies kunnen de warmte missen die de Leeuw meebrengt. Aan de andere kant kan de creativiteit van de Leeuw zonder de Waterman stagneren en zich herhalen, wat zijn potentieel voor groei en ontwikkeling beperkt. De Waterman speelt een cruciale rol bij het voortdurend verkennen en verbreden van horizonnen, wat noodzakelijk is voor het gedijen van de as.

Als het gaat om hun levenshouding, hebben Leeuwen de neiging om een meer traditionele en conservatieve manier van denken te hebben, terwijl Watermannen progressiever en meer *open-minded* zijn. Leeuwen waarderen stabiliteit en voorspelbaarheid, terwijl Watermannen eerder bereid zijn risico's te nemen en nieuwe dingen uit te proberen. Als het gaat om relaties, zijn Leeuwen meer gericht op romantiek en emotionele binding, terwijl Watermannen meer waarde hechten aan intellectuele compatibiliteit en onafhankelijkheid. De Leeuw hecht waarde aan traditionele genderrollen en neigt er naar de dominante partner te worden in een relatie, terwijl de Waterman eerder een gelijkwaardige en evenwichtige dynamiek verkiest. Deze gelijkwaardigheid kan zich ook uiten in homoseksuele relaties, die in het algemeen ressorteren onder Waterman en Venus-Uranus aspecten.

SAMENVATTING VAN DE POSITIEVE EIGENSCHAPPEN VAN LEEUW & WATERMAN

LEEUW

De Leeuw is het vijfde zodiakteken en legt nadruk op kracht, leiderschap, warmte en vertrouwen. Op werelds niveau heerst de Leeuw over gebieden als entertainment, creativiteit, drama, podiumkunsten, mode, sieraden, luxe goederen, gokken, kinderen, sport en koningschap. Hier zijn enkele van de positieve eigenschappen, kwaliteiten en kenmerken die worden geassocieerd met het zodiakteken Leeuw:

1. **Zelfvertrouwen**: Leeuwen staan bekend om hun zelfvertrouwen en zelfzekerheid. Ze hebben een sterk gevoel van eigenwaarde, komen goed voor zichzelf op en schuwen geen risico's.
2. **Leiderschapskwaliteiten**: Leeuwen zijn van nature leiders en vinden zichzelf vaak in leidende posities. Ze hebben het talent

om anderen te inspireren en te motiveren om hun doelen te bereiken. Deze aanleg voor leiderschap hangt deels samen met het centralisme van de Leeuw-heerser Zon. Ook onderwijzers, worden bijv. vanwege hun centrale positie in de klas onder het teken Leeuw geschaard.

3. **Creativiteit**: Leeuwen zijn zeer creatief en artistiek. Zelfexpressie is een natuurlijk ding en ze kunnen carrières nastreven in de kunst, mode of entertainment.

4. **Gulheid**: Leeuwen zijn gul en vrijgevig. Ze delen hun middelen en talenten graag met anderen en zetten zich vaak in voor goede doelen.

5. **Warmte**: Leeuwen zijn warm en aanhankelijk. Ze hebben een aantrekkelijke persoonlijkheid en worden vaak omringd door vrienden en bewonderaars.

6. **Moed**: Leeuwen zijn moedig en onverschrokken. Ze schrikken er niet voor terug om uitdagingen aan te gaan of hun dromen na te jagen, ook als ze met tegenslagen worden geconfronteerd.

7. **Loyaliteit**: Leeuwen zijn loyale en trouwe vrienden. Ze waarderen hun relaties en zijn vaak de 'lijm' die hun vriendengroep bijeenhoudt.

8. **Charisma**: Leeuwen hebben een natuurlijke uitstraling en charme die anderen naar hen toe trekt. Ze hebben het talent om anderen het gevoel te geven dat ze iets speciaals zijn en gewaardeerd worden.

9. **Vastberadenheid**: Leeuwen zijn vastberaden en volhardend. Ze hebben een sterke arbeidsethos en zijn bereid tijd en moeite te investeren om hun doelen te bereiken.

10. **Optimisme**: Leeuwen hebben een positieve en optimistische kijk op het leven. Ze geloven dat alles mogelijk is en hebben het talent om het goede in mensen en situaties te zien.

WATERMAN

De Waterman is het elfde teken van de zodiak en legt de nadruk op innovatie, onafhankelijkheid en humaniteit. Op werelds niveau regeert de Waterman over humaniteit, innovatie, technologie, sociale kwesties, astrologie, luchtvaart, ruimtevaart, elektrische en elektronische apparatuur, digitalisering, clowns, dissidenten en intellectuele activiteiten. Hier zijn enkele van de positieve eigenschappen, kwaliteiten en kenmerken die geassocieerd worden met het zodiakteken Waterman:

1. **Onafhankelijk**: Watermannen zijn erg onafhankelijk en waarderen hun vrijheid. Ze schromen niet om tegen de norm in te gaan en op hun eigen manier te marcheren.
2. **Innovatief**: Watermannen zijn innovatief, grensverleggend en toekomstgericht. Ze hebben een talent om nieuwe en creatieve ideeën en oplossingen te bedenken.
3. **Humanitair**: Watermannen zijn humanitair en sociaal betrokken. Ze hebben een sterk gevoel voor rechtvaardigheid en zetten zich vaak in voor sociale doelen en bewegingen.
4. **Intellectueel**: Watermannen zijn intellectueel en nieuwsgierig. Ze genieten van leren en het uitbreiden van hun kennis en voelen zich vaak aangetrokken tot wetenschap, technologie en filosofie.
5. **Open-minded**: Watermannen zijn open-minded en accepteren anderen. Ze oordelen niet over anderen en zijn bereid om andere perspectieven en ideeën aan te horen.
6. **Vriendelijk**: Watermannen zijn vriendelijk en sociaal. Ze ontmoeten graag nieuwe mensen, sluiten vriendschappen.
7. **Excentriek**: Watermannen zijn excentriek en onconventioneel. Ze hebben een uniek gevoel voor stijl en volgen misschien interesses, denkbeelden of hobby's die buiten de mainstream liggen.
8. **Visionair**: Watermannen zijn visionair en toekomstgericht. Ze hebben een talent voor het zien van het grotere geheel en kunnen bij beslissingen op lange termijn denken.

9. **Altruïstisch**: Watermannen zijn altruïstisch en zelfopofferend. Ze worden vaak gedreven door de wens om de wereld te verbeteren en zetten zich misschien vrijwillig in of doneren aan goede doelen.

10. **Objectief**: Watermannen zijn vaak objectief en rationeel. Ze zijn in staat om kritisch en logisch te denken en voelen zich daarom vaak aangetrokken tot wetenschappelijke en/of technische beroepen, mits die voor hun een zekere uitdaging betekenen of grensverlegging.

SAMENVATTING VAN DE NEGATIEVE EIGENSCHAPPEN VAN LEEUW & WATERMAN

LEEUW

1. **Arrogant**: De Leeuw kan arrogant zijn en de neiging hebben om te pronken met zijn prestaties of ze te overdrijven. Als hun schip averij oploopt, neigen ze tot egotisme om hun reputatie overeind te houden.

2. **Egocentrisch**: De Leeuw kan moeite hebben om rekening te houden met de behoeften of perspectieven van anderen. De Leeuw kan egocentristisch zijn en een overdreven gevoel van *me, myself and I*' hebben. Gezegd moet worden dat dit bij letterlijk alle zodiaktekens het het geval is, maar in plaats van in een verkapte en meestal niet herkenbare vorm, komt het er bij de Leeuw heel clichématig uit.

3. **Heerszuchtig**: De Leeuw kan heerszuchtig zijn en een sterke behoefte aan controle of leiderschap hebben.

4. **Aandachtzoekend**: De Leeuw kan behoefte hebben aan aandacht en verlangen naar bevestiging of erkenning van anderen.

5. **Koppig**: De Leeuw kan koppig zijn en zich verzetten tegen veranderingen of alternatieve standpunten.

6. **Ongeduldig**: De Leeuw kan ongeduldig zijn en problemen hebben met wachten of vertragingen bij het bereiken van zijn doelen.
7. **Eigenwijs**: De Leeuw kan eigenwijs zijn en proberen zijn medemensen te controleren of te monitoren.
8. **Zitten op een 'roestige troon'**: Leeuwen vinden vaak grote voldoening in de erkenning en lof die ze krijgen voor hun creatieve of artistieke inspanningen. Dit kan echter soms leiden tot zelfgenoegzaamheid en steeds opnieuw vertrouwen op dezelfde technieken of stijlen, wat hun groei en creatieve expressie belemmert. Voor Leeuwen is het belangrijk om zichzelf uit te dagen en nieuwe wegen in te slaan om hun talenten verder te ontwikkelen en echt innovatieve werken te creëren.
9. **Dramaqueen m/v**: Leeuwen kunnen de neiging hebben om in bepaalde situaties te overdrijven, wat soms tot gênante toestanden kan leiden en hun natuurlijke autoriteit kan schaden. Om een sterke aanwezigheid te behouden, kan het voor Leeuwen voordeliger zijn om terughoudendheid te oefenen en de mogelijke gevolgen van hun acties te overwegen voordat ze impulsief reageren. Maar impulsiviteit is nu eenmaal een Vuur-eigenschap.
10. **Veeleisend**: De Leeuw kan veeleisend zijn en veel van anderen verwachten, wat soms onrealistisch of oneerlijk kan zijn.

WATERMAN

1. **Kil**: De Waterman kan emotioneel afstandelijk zijn en het is moeilijk voor hem om zijn eigen emoties uit te drukken of te begrijpen en zich op een emotioneel niveau met anderen te verbinden. Technische specialiteiten of beroepen hebben menigmaal een maskerfunctie bij dit type Waterman.
2. **Onbereikbaar**: Watermannen kunnen onbereikbaar zijn en hebben de neiging om anderen op afstand te houden, zelfs in nauwe relaties.

3. **Koppig**: Watermannen kunnen koppig zijn en hebben de neiging om vast te houden aan hun eigen meningen of ideeën, zelfs als er nieuwe informatie of bewijzen worden gepresenteerd. Dit komt doordat Waterman behalve met Uranus ook met Saturnus resoneert (ook in positief opzicht).

4. **Onvoorspelbaar**: Watermannen kunnen onvoorspelbaar zijn en hebben de neiging om hun mening of richting vaak te veranderen.

5. **Rebels**: Watermannen kunnen rebels zijn en hebben de neiging om autoriteiten of gevestigde normen en tradities in twijfel te trekken, zelfs als dit niet passend is - meestal is hun rebellie echter gerechtvaardigd. Het probleem is dat in iedere dichtgeslibde burgersamenleving 'rebellie' of 'anders denken' op voorhand als negatief is gestigmatiseerd, terwijl het gros van alle rebellie gericht is tegen inhumane overheidsacties en wetten.

6. **Tegenstrijdig**: De Waterman kan inconsequent zijn en heeft de neiging om van het ene idee of interesse naar het andere te springen, zonder iets echt af te maken.

7. **Technocratie**: De Waterman kan een voorstander zijn van transhumanisme en andere klinisch-technische ontwikkelingen die de mensheid in de richting van het onnatuurlijke en kunstmatige, of zelfs een dictatuur, duwen en zo de mens of de samenleving ontwortelen.

8. **Voorstander van de 'cancel culture'**: De negatieve Waterman kan, verstoken van enige objectiviteit, eigenwijs zijn en heeft de neiging om een sterke mening te vormen over mensen of situaties zonder ze te begrijpen.

9. **Autocraat**: Een typisch negatief Waterman-gedrag is de neiging tot autocratie, waarbij men zo geobsedeerd is door zijn eigen 'nieuwe en vooruitstrevende' ideeën dat de mening van anderen alleen maar een betonnen muur is.

10. **Onpersoonlijk**: Watermannen kunnen onpersoonlijk zijn en hebben de neiging zich meer te concentreren op ideeën of

concepten dan op personen of persoonlijke relaties. Ook valt de dictatuur van de groep onder dit teken.

Maagd – Vissen as

Voor iedereen geboren onder het teken Maagd (23 augustus - 22 september) of Vissen (19 februari - 20 maart)

De as van Maagd-Vissen strekt zich uit van singulariteit tot totaliteit en omvat zowel specialisme als holisme. Op deze as gaat het ook om de correlatie tussen lichamelijke en geestelijke gezondheid. De tekens zijn daarom sterk verbonden met het psychosomatische. De as van Maagd-Vissen staat voor de balans tussen praktisch nut en spiritualiteit. Maagd staat voor objectiviteit, organisatie en analytisch denken, terwijl Vissen staat voor spiritualiteit, creativiteit en intuïtie.

Bekende mensen geboren onder Maagd:

Beyoncé - September 4, 1981
Michael Jackson - August 29, 1958
Cameron Diaz - August 30, 1972
Keanu Reeves - September 2, 1964
Salma Hayek - September 2, 1966
Freddie Mercury - September 5, 1946
Blake Lively - August 25, 1987
Idris Elba - September 6, 1972
Chris Pine - August 26, 1980
Zendaya - September 1, 1996

Bekende mensen geboren onder Vissen:

Rihanna - February 20, 1988
Albert Einstein - March 14, 1879
Bruce Willis - March 19, 1955
Pierre-Auguste Renoir - February 25, 1841
Steve Jobs - February 24, 1955
Kurt Cobain - February 20, 1967
Eva Longoria - March 15, 1975
Drew Barrymore - February 22, 1975
Jon Bon Jovi - March 2, 1962
Elizabeth Taylor - February 27, 1932

MAAGD

Als Maagd kun je je leven aanzienlijk verbeteren door deze Vissen-kwaliteiten te integreren:

- **Mededogen**: Vissen staan bekend om hun mededogen en empathie, en Maagden kunnen hiervan profiteren door dit mededogen ook in hun persoonlijke en professionele relaties te ontwikkelen.
- **Verhoogde creativiteit**: Maagden kunnen profiteren van het integreren van de fantasierijke en creatieve kwaliteiten van Vissen, die hen kunnen helpen buiten de gebaande paden te kijken en unieke oplossingen voor problemen te vinden.
- **Flexibiliteit**: Maagd kan profiteren van het integreren van de aanpassingsvermogen en flexibele kwaliteiten van Vissen, die kunnen helpen om meer open te staan voor veranderingen en meer risico's te nemen om nieuwe kansen en mogelijkheden te creëren.
- **Intuïtie**: Vissen zijn erg intuïtief en kunnen voelen wat anderen voelen, en Maagd kan methodes zoeken de eigen intuïtie meer te ontwikkelen om betere beslissingen te nemen en zich in complexe situaties te navigeren.
- **Spiritualiteit**: Vissen worden vaak geassocieerd met spiritualiteit en een verbinding met het goddelijke, en Maagd kan hiervan profiteren door meer van deze zin voor spiritueel bewustzijn en verbinding in hun eigen leven te integreren.
- **Gevoeligheid**: Vissen staan bekend om hun gevoeligheid en hun vermogen om subtiele nuances in hun omgeving waar te nemen, en Maagd kan hiervan profiteren door dezelfde gevoeligheid te ontwikkelen om de behoeften en grillen van hun medemensen beter te begrijpen.
- **Vergeving en mededogen**: Vissen zijn vaak in staat om te vergeven en wrok los te laten, en Maagd kan hiervan profiteren door deze zin voor vergeving over te nemen om positievere en harmonieuzere relaties te cultiveren. De meelevende aard van Vissen kan Maagd

helpen meer empathisch te worden en meer begrip te hebben voor anderen, wat hun relaties en algemene welzijn kan verbeteren.

VISSEN

Als Vissen kunt je je leven aanzienlijk verbeteren door deze Maagd-eigenschappen te integreren:

- **Nuchterheid**: Maagden staan bekend om hun nuchterheid en liefde voor detail, en Vissen kunnen hiervan profiteren door meer van deze nuchtere kijk op het leven in te voeren om georganiseerd en gefocust te blijven.
- **Analytisch denken**: Maagden zijn vaak zeer analytisch aangelegd en in staat om complexe problemen op te splitsen in kleinere, beter hanteerbare delen. Vissen kunnen hiervan profiteren door deze vaardigheden te ontwikkelen om uitdagingen met meer duidelijkheid en concentratie aan te gaan. Vissen kunnen ook profiteren van de analytische en logische benadering van Maagden bij het oplossen van problemen.
- **Werkethiek**: Maagden zijn vaak zeer hardwerkend en toegewijd, en Vissen kunnen hiervan profiteren door deze werkethiek over te nemen om hun doelen te bereiken en dichter bij hun dromen te komen. Het integreren van de zelfdiscipline van Maagden kan Vissen enorm helpen om uitstelgedrag en bedlegerigheid te overwinnen en meer zelfbeheersing te ontwikkelen in alle aspecten van het leven.
- **Realisme en financiën**: Maagden zijn vaak verankerd in de realiteit en in staat om dingen te zien zoals ze zich in de Aardse werkelijkheid voordoen, en Vissen kunnen hiervan profiteren door dezelfde nuchtere kijk te ontwikkelen om betere beslissingen te nemen en het leven met meer helderheid te benaderen. Het natuurlijke talent van Maagden voor het omgaan met financiën kan Vissen helpen om betere vaardigheden te ontwikkelen in het omgaan met geld en verstandigere financiële beslissingen te nemen.

- **Gezondheidsbewustzijn**: Maagden zijn vaak bewust van hun gezondheid en hechten waarde aan zelfzorg en welzijn, en Vissen kunnen hiervan profiteren door deze focus op zelfzorg sterker te integreren in hun eigen leven om een betere fysieke en mentale gezondheid te bevorderen.
- **Liefde voor detail**: Maagden zijn vaak zeer gedetailleerd en nauwkeurig, en Vissen kunnen hiervan profiteren door dezelfde aandacht voor detail te ontwikkelen om meer succesvol te zijn in hun ondernemingen. De nauwkeurigheid van Maagden kan Vissen helpen zich sterker te concentreren op hun doelen en taken.
- **Organisatorische vaardigheden**: Maagden staan bekend om hun organisatietalent en hun vermogen om complexe taken en projecten aan te pakken, en Vissen kunnen hiervan profiteren door deze organisatorische vaardigheden over te nemen om hun eigen leven en activiteiten te stroomlijnen.

MAAGD & VISSEN BETER BEGRIJPEN

Mensen met een sterke invloed van het teken Maagd zijn over het algemeen harde werkers die beschikken over scherpe analytische vaardigheden en uitblinken in rekenen, wiskunde, planning en organisatie. Ze hebben een natuurlijke nieuwsgierigheid die hen, in combinatie met hun analytische vaardigheden, uitstekend geschikt maakt voor detective- of onderzoekswerkzaamheden. Maagd staat bekend als het meest technische en nieuwsgierige van alle zodiaktekens.

Een gebied waar Maagden echter moeite mee hebben, is het uiten en omgaan met hun eigen gevoelens en emoties, evenals die van anderen, wat vaak tot neurotische patronen leidt. Negatieve eigenschappen die Maagden moeten voorkomen zijn klagen, kleinzerigheid, de neiging om alleen op details te focussen en het grotere geheel over het hoofd te zien, kritiek uiten zonder oplossingen aan te bieden, overdreven perfectionisme, slordigheid en de neiging om zich ziek te melden om zich te onttrekken aan verplichtingen of verantwoordelijkheden. In sommige gevallen kunnen getroffen Maagden militaire, politie- of controlefuncties nastreven waarbij ze om de totaal verkeerde redenen een uniform gaan dragen. Uniformen worden geassocieerd met de negatieve eigenschappen van Maagd (gehoorzaamheid!) alsook Vissen (uniformiteit voor iedereen). Veel Maagden werken in servicegerelateerde beroepen die te maken hebben met de gezondheidszorg. Maagden kunnen gezondheidsproblemen hebben met betrekking tot de darmen, gal, het zenuwstelsel of de voeten. Hoewel ze vaak klachten hebben, bereiken deze in de meeste gevallen geen gevaarlijke ernst. Dagelijkse fitness voorkomt overigens redelijk wat ellende.

Onderscheidingsvermogen is een kenmerk van Maagd, maar bij beperkingen (vooral als de centaur Cyllarus en/of het Aten-asteroïde Cruithne sterk aanwezig zijn in de horoscoop) kan deze eigenschap omslaan in discriminatie, racisme of vreemdelingenhaat. Als Maagden spanningen ervaren, uit zich dit meestal in de maag en darmen (het hele spijsverteringsstelsel valt onder Maagd). Psychosynthese is vaak een effectief middel voor Maagden om hun symptomen te verlichten.

De positieve persoonlijkheid van Maagd staat bekend om eigenschappen, zoals een bovengemiddelde intelligentie, een scherp analytisch brein, gevoel voor humor, goede gezondheid en een verzorgd lichaam. Maagden kunnen goed omgaan met hun energie, wat hen betrouwbare partners en harde werkers maakt die niet opscheppen. Hun kritiek is constructief en doordacht, niet impulsief.

De ultieme uitdrukking van positieve Maagd-energie is het vermogen
om in het heden te leven en zich tegelijkertijd voor te bereiden
op de toekomst en dienstbaarheid niet als gehoorzaamheid of
onderwerping te beschouwen, maar als een mogelijkheid om de eigen
unieke talenten te ontplooien. Deze zienswijze erkent dat de wereld
vol zit met unieke individuen die allemaal hun eigen talenten en
vaardigheden hebben. Een positieve Maagd begrijpt dit en gebruikt
haar vaardigheden om haar eigen individuele proces vorm te geven.

Veel succesvolle schrijvers hebben sterke Maagd-trekjes. Degenen die
het meest succesvol zijn, hebben daarbij vaak een sterke verbinding
met het andere teken, Vissen. Deze combinatie creëert een synergie
tussen de communicatieve en analystische natuur van Maagd en de
inspiratie en fantasie van Vissen. Het resultaat is dan een hoorn des
overvloeds van creativiteit en deze vruchtbare samenwerking leidt tot
een schrijfervaring waarbij het boek bijna vanzelf geschreven lijkt te
worden. Beroemde voorbeelden van deze synergie zijn Stephen King
en Johann Wolfgang von Goethe.

Vissen hebben de neiging om een leven te leiden dat het tegenovergestelde is van dat van Maagden. Ze staan niet bekend om hun
analytische vaardigheden, maar eerder om hun fantasierijke en
visionaire neigingen. Terwijl Maagd van schrijven als creatief medium
houdt, houden Vissen van video's, beeldende kunst en muziek. Vissen
verkennen hun eigen innerlijke werelden en mystieke gebieden en
raken vaak verloren in slaap, dagdromen en creatieve bezigheden.
Sommige onder hen zijn ook filosofen van het humanistische genre
en mystici.

Maagden hebben de neiging om meer te organiseren, wat vaak
kan leiden tot controlerende of overcontrole tendensen. Vissen
daarentegen hebben de voorkeur om te versmelten met een andere

sfeer, wat het loslaten van controle vereist. Als ze de controle niet loslaten, kunnen ze deze andere sfeer niet betreden. Daarom grijpen Vissen eerder naar stimulerende middelen om die andere wereld binnen te gaan, die kan variëren van 3D-brillen tot psychotrope medicijnen en alcohol, tot occulte technieken zoals lucide dromen of rituele magie.

De grens tussen de astrale wereld en de wereld van natuurlijke energieën en wezens is het dunst bij Vissen. Terwijl Steenbok grenzen stelt en Waterman deze verplaatst, lost Vissen ze op en laat ze volledig verdwijnen. De uitdaging voor Vissen-individuen is echter terugkeren naar de Aardse realiteit. Velen van hen geven er de voorkeur aan hun dagen door te brengen met films, afbeeldingen, muziek of andere werelden door te lezen of te dromen. Als deze neiging pathologisch wordt, lopen Vissen het risico niet volledig deel te nemen aan het leven en gevangen te raken in het verleden. Dit kan leiden tot zelfbeschadiging, verslaving of gebrek aan zelfvertrouwen.

Vissen hebben soms ook te maken met lichamelijke klachten, met name voetklachten. Vaker draait het bij Vissen om psychische of slaapgerelateerde klachten of verslavingen. Om zelfdestructie te vermijden, is het voor Vissen belangrijk om zich goed te verankeren in de realiteit en actief deel te nemen aan de wereld om hen heen. De illusie dat je begrijpt hoe het leven werkt en controle hebt, is precies dat: een illusie. Je moet het leven omarmen en voelen om het echt te begrijpen.

Positieve persoonlijkheden van Vissen tonen een optimistische houding. Ze zijn vaak hoog ontwikkeld en belezen en hebben een groot talent voor creativiteit. Ze kunnen zich gemakkelijk distantiëren van hun eigen tijdsgeest en realiteit, waardoor ze een relatief hoog percentage van geniale artistieke expressievormen kunnen produceren. Michelangelo Buonarroti, een uiterst veelzijdige kunstenaar, architect, beeldhouwer en dichter, had bijvoorbeeld Zon, Maan en Mars in Vissen. Michail Gorbatsjov, die de hele USSR liet ontdooien en sindsdien als humanist, milieubeschermer en schrijver zich inzette voor een betere wereld, had Mercurius en Zon in Vissen.

Positieve Vissen-persoonlijkheden hebben een diep begrip van het menselijk drama en voelen diep mededogen voor het lijden in de wereld. Dit begrip voor het lijden in de wereld weerspiegelt onbewust hun gevoel voor een mystieke realiteit, zoals beschreven door Anita Moorjani of mensen na een bijna-doodervaring. Ze kunnen enorm zelfopofferend zijn en zich inzetten als helpers op plaatsen waar maar weinig anderen zich durven te wagen. Ze laten het leven dan niet langs de zijlijn aan hen voorbijgaan, maar zijn er middenin.

SAMENVATTING VAN DE POSITIEVE EIGENSCHAPPEN VAN MAAGD & VISSEN

MAAGD

De Maagd is het zesde teken van de zodiak en legt de nadruk op praktische vaardigheden, organisatie en oog voor detail. Op werelds niveau regeert de Maagd over de gezondheidszorg, farmacie, voeding, wetenschap, onderzoek, analyse, organisatie, hygiëne, tuinieren, huisdieren en kleine dieren. Hier zijn enkele van de positieve eigenschappen, kwaliteiten en kenmerken die geassocieerd worden met het teken Maagd:

1. **Analytisch**: Maagden zijn analytisch en logisch. Ze hebben een talent voor probleemoplossing en kunnen kritisch en objectief denken. Maagden kijken graag naar detectives en zijn ook zelf uitstekende speurders, die de onderste steen boven kunnen krijgen.

2. **Praktisch**: Maagden zijn praktisch en nuchter. Ze hebben een talent voor het vinden van efficiënte en effectieve oplossingen voor alledaagse problemen.

3. **Georganiseerd**: Maagden zijn goed georganiseerd en hebben oog voor detail. Ze zijn in staat om complexe projecten en taken gemakkelijk aan te pakken.

4. **Betrouwbaar**: Maagden zijn betrouwbaar en verantwoordelijk. Ze nemen hun verplichtingen serieus en anderen kunnen erop vertrouwen dat ze hun beloften nakomen.

5. **Bescheiden**: Maagden zijn bescheiden en nederig. Ze zoeken geen aandacht of lof voor hun prestaties, maar richten zich op het leveren van hun beste werk.

6. **Hardwerkend**: Maagden zijn hardwerkend en toegewijd. Ze hebben een sterke arbeidsethos en zijn bereid tijd en moeite te investeren om hun doelen te bereiken.

7. **Intelligent**: Maagden zijn intelligent en belezen. Ze hebben een talent voor het opnemen en behouden van informatie en kunnen een academische of onderzoekscarrière nastreven.

8. **Nauwkeurig**: Maagden zijn precies en nauwkeurig. Ze hebben een scherp oog voor details en zijn in staat zelfs de kleinste fouten of inconsistenties op te merken.

9. **Gezondheidsbewust**: Maagden zijn bewust van hun gezondheid en besteden veel aandacht aan hun voeding, trainingsprogramma en algehele welzijn.

10. **Medelevend**: Maagden zijn medelevend en zorgzaam. Ze kunnen aangetrokken worden tot een carrière in de gezondheidszorg of maatschappelijk werk en hebben vaak een sterke wens om anderen te helpen.

VISSEN

Vissen is het twaalfde teken in de zodiak en wordt vertegenwoordigd door de vis, wat de nadruk legt op intuïtie en empathie in dit teken. Op werelds niveau heerst Vissen over spiritualiteit, mystiek, bovennatuurlijke vermogens, muziek, poëzie, theater, film, dans, verslaving, gezondheidszorg en liefdadigheid. Hier zijn enkele van de positieve eigenschappen, kwaliteiten en kenmerken die worden geassocieerd met het teken Vissen:

1. **Mededogen**: Vissen zijn zeer medelevend en empathisch. Ze hebben een sterk gevoel voor empathie en zijn in staat om op een diep emotioneel niveau met anderen te verbinden.
2. **Creativiteit**: Vissen zijn zeer creatief en artistiek. Ze hebben een talent om zich uit te drukken door middel van muziek, kunst en andere vormen van creatieve expressie.
3. **Intuïtie**: Vissen zijn zeer intuïtief en gevoelig. Ze hebben het talent om de emoties en bedoelingen van anderen aan te voelen en zijn vaak in staat om achter de oppervlakte te kijken.
4. **Aanpassingsvermogen**: Vissen zijn zeer aanpasbaar en flexibel. Ze zijn in staat om zich snel en gemakkelijk aan te passen aan nieuwe situaties en omgevingen.
5. **Spiritueel**: Vissen zijn diep spiritueel en hebben vaak een sterke verbinding met het goddelijke. Ze voelen zich vaak aangetrokken tot mystieke en metafysische onderwerpen.
6. **Vriendelijkheid**: Vissen zijn van nature vriendelijk en zacht. Ze hebben een warm en zorgzaam voorkomen en worden vaak gezien als de 'helpers' van de dierenriem.
7. **Verbeeldingskracht**: Vissen zijn zeer fantasierijk en hebben een rijk innerlijk leven. Ze hebben een talent om levendige en fantasierijke werelden in hun hoofd te creëren.
8. **Vergevingsgezindheid**: Vissen zijn van nature vergevingsgezind. Ze zijn in staat om hun wrok los te laten en kunnen vaak het

goede in anderen zien.

9. **Opofferend**: Vissen kunnen zichzelf meer wegcijferen dan ieder ander teken en kunnen zeer opofferend handelend ten bate van de ander.

10. **Gulheid**: Vissen zijn van nature vrijgevig en geven graag. Ze hebben de wens om anderen te helpen en zijn vaak bereid daarvoor een omweg te maken.

SAMENVATTING VAN DE NEGATIEVE EIGENSCHAPPEN VAN MAAGD & VISSEN

MAAGD

1. **Blindelings gehoorzaam**: Dit is de ergste karaktertrek van de negatieve Maagd. De Maagd dient graag anderen, maar moet haar energie niet verspillen aan corrupte politieke leiders of systemen die mensen schaden in plaats van hen te helpen.

2. **Kritisch**: Maagden kunnen kritisch zijn en hebben soms de neiging om ongepast fouten of zwaktes bij anderen aan te wijzen, wat soms ontmoedigend of demotiverend kan zijn of zelfs hun relaties kan ruïneren.

3. **Pessimistisch**: Maagden kunnen pessimistisch zijn en het is moeilijk voor hen om de positieve kant van situaties te zien of een hoopvolle kijk te hebben.

4. **Veroordelend**: Maagden kunnen sterk veroordelend zijn en meningen vormen of beslissingen nemen op basis van hun eigen vooringenomenheid.

5. **Star**: Maagden kunnen soms star zijn en moeite hebben om zich flexibel en aanpasbaar op nieuwe situaties in te stellen.

6. **Overmatig analytisch**: De Maagd kan op het werk overmatig analytisch zijn en de neiging hebben om te veel na te denken of zich te ergeren aan details. Gestalten is iets wat veel Maagden

zouden moeten oefenen: het inzien dat het geheel meer is dan de som der delen.

7. **Kieskeurig**: Maagden kunnen zich ook privé te veel verliezen in te hoge eisen aan zichzelf en anderen, die onrealistisch kunnen zijn of ronduit pietluttig. Ook met betrekking tot eten is dit soms een probleem.

8. **Neurotisch**: Het perfectionisme van de Maagd kan leiden tot een chronische staat van prikkelbaarheid. Dit kan omslaan in neurotische gezondheidsproblemen.

9. **Dwangmatig**: Maagden kunnen dwangmatig zijn en de neiging hebben zich te fixeren op bepaalde ideeën of gedragingen. Ook dit kan tot neuroses leiden.

10. **Slordig**: Positieve Maagden zijn hygiënisch en ordelijk, terwijl negatieve Maagden een negatief Vissen-patroon van totale slordigheid kunnen vertonen.

VISSEN

1. **Onbeslist**: Vissen kunnen onbeslist zijn en moeite hebben met het nemen van beslissingen, vooral wanneer ze geconfronteerd worden met complexe of tegenstrijdige informatie.

2. **Escapistisch**: Vissen hebben de neiging tot escapisme en vermijden of negeren moeilijke situaties of gevoelens. Deze eigenschap kan een ernstige belemmering worden in hun sociale leven.

3. **Achter illusies aanjagen**: Vissen kunnen idealistisch zijn en de neiging hebben om onrealistische verwachtingen van zichzelf en anderen te hebben.

4. **Overgevoelig**: Vissen kunnen overgevoelig zijn en de neiging hebben om dingen persoonlijk op te vatten of gemakkelijk beledigd te worden door kritiek.

5. **Lichtgelovig**: Vissen kunnen lichtgelovig zijn en de neiging hebben dingen te geloven zonder ze te bevragen of eigen

onderzoek te doen.

6. **Passief**: Vissen kunnen passief zijn en de neiging hebben zich aan te sluiten bij de meningen of beslissingen van anderen in plaats van zichzelf te profileren.

7. **Wispelturig**: Vissen is een beweeglijk teken en de onder dit teken geborenen kunnen wispelturig zijn en hebben de neiging om emotionele hoogtes en laagtes te ervaren, soms zonder duidelijke reden.

8. **Zelfmedelijdend**: Vissen kunnen de neiging hebben tot zelfmedelijden en zich te veel richten op hun eigen problemen of pech.

9. **Onverantwoordelijk**: Vissen kunnen onverantwoordelijk zijn en de neiging hebben om hun taken of verplichtingen te verwaarlozen, vooral als ze deze saai of oninteressant vinden.

10. **Ongeorganiseerd**: Vissen kunnen ongeorganiseerd zijn en de neiging hebben om te worstelen met planning, luiheid, tijdbeheer en ordening in hun ruimtes.

PAPIEREN BOEKEN

VAMzzz Publishing is een gespecialiseerde uitgeverij die zich richt op het uitgeven van boeken over magie en hekserij, folklore, nieuwe astrologie, geheime riten en genootschappen, demonologie en aanverwante onderwerpen. Naast het uitgeven van nieuwe werken, publiceren we ook herziene en gerestaureerde versies van historische boeken die niet of nauwelijks verkrijgbaar zijn, of enkel in slechte staat verkeren (vaak zijn dit OCR-scans vol met slecht leesbare delen).

Wij stellen hoge eisen aan de reproducties van klassieke teksten. De tekst wordt volledig gerenoveerd en krijgt een heldere indeling en een prettig lettertype. In gevallen waar de originele tekst afbeeldingen bevat, zoals portretten, kaarten of schetsen, besteden we veel zorg aan het behoud van de kwaliteit van deze illustraties, zodat ze nauwkeurig het oorspronkelijke artefact weergeven.

Onze boeken worden geschreven door hooggekwalificeerde academische onderzoekers of experts op specifieke gebieden van esoterische kennis of de occulte praktijk. Veel van de herziene titels bevatten een Post Scriptum met aanvullende informatie over de auteur en/of het onderwerp. Door deze werken te bewaren en te delen, kunnen we een dieper inzicht krijgen in ons cultureel erfgoed en de rijke geschiedenis van menselijk denken en creativiteit die aan ons is voorafgegaan.

Naast het publiceren van boeken biedt *VAMzzz Publishing* ook GRATIS artikelen aan over verschillende occulte onderwerpen via onze blog, waaronder Afro-Amerikaanse magie, folklore, het paranormale en nieuwe astrologie. Neem gerust een kijkje op vamzzz.com/blog om meer te ontdekken over deze onderwerpen.

VAMzzz Publishing
Postbus 3340
1001 AC Amsterdam
vamzzz@protonmail.com
www.vamzzz.com

Asteroïden-Gids

950 astrologische betekenissen van Asteroïden, Centauren, Cubewano's, Damocleïden, Neptunus-resonanten, Plutino's, SDO's en Trojanen

672 pagina's, 20 x 27 cm, 105 illustraties, Paperback
ISBN 9789492355195 (vakliteratuur)

De Asteroïden-Gids is het eerste grote astrologische naslagwerk ter wereld, dat de duidingen in de horoscoop behandelt van 950 asteroïden, overzichtelijk ingedeeld in 15 categorieën. Dit boek is inclusief tips voor het gebruik van asteroïden in de persoonshoroscoop.

MAGUS Leer & Ritueel

278 pagina's, 17 x 24 cm, ISBN 9789492355362

Magie is een beladen term. Wat is magie eigenlijk? Werkt magie? Als het werkt, hoe werkt het dan? Wat is de echte geschiedenis en essentie van de Europese hekserij, nog voor de opkomst van de Wicca? *MAGUS Leer & Ritueel* opent de toegangspoorten van twee overlappende werelden, die al duizenden jaren parallel aan de alledaagse werkelijkheid bestaan. Niches in onze realiteit, die veroordeeld en vooral niet begrepen werden. Rijk geïllustreerd met meer dan 90 rituele zegels (sigilli) van engelen, daemones en natuurgeesten.

Spirit Beings in European Folklore 1

Ireland, England, Wales, Cornwall, Scotland, Isle of Man, Orkney's, Hebrides, Faeroe, Iceland, Norway, Sweden and Denmark

250 pages, Paperback, Engelstalig
ISBN 9789492355553

This book catalogs the mysterious creatures of Ireland, the Isle of Man, England, Wales, Cornwall, Scotland, Hebrides, Orkneys, Faroe Islands, Iceland, Norway, Sweden and Denmark. For centuries, the peoples of these regions have influenced each other in many ways, including their mythologies and folklore.

Spirit Beings in European Folklore 2

Germany, Austria, Alpine regions, Switzerland, Netherlands, Flanders, Luxembourg, Lithuania, Latvia, Estonia, Finland, Jewish influences
256 pages, Paperback, Engelstalig
ISBN 9789492355560

Compendium 2 covers the German-speaking parts of Central Europe, the Low Countries, the Baltic region and Finland. Via the Ashkenazi Jews, spirit beings from the Middle East entered Central European culture, which are also included.

Spirit Beings in European Folklore 3

Russia, Belarus, Ukraine, Poland, Romania, Hungary, Bulgaria, Czechia, Slovenia, Serbia, Croatia, Albania, Georgia, Turkish regions, Roma-culture
246 pages, Paperback, Engelstalig
ISBN 9789492355577

Compendium 3 offers an overview of the mysterious, sometimes beautiful and often shadowy entities of the Slavic countries, the Balkans, the Carpathians, Albania, Georgia, and the Turkish and Romani peoples. Many types of Vampires and vampiric Revenants are included – in their original state and purged of later applied disinformation.

Spirit Beings in European Folklore 4

France, Brittany, Wallonia, Portugal, Italy, South Tyrol, Malta, Greece, Spain – Basque Country, Asturias, Catalonia, Cantabria, Galicia, Valencia
250 pages, Paperback, Engelstalig
ISBN 9789492355584

Compendium 4 covers an area that starts with Wallonia and continues via France and the Pyrenees, through the Iberian Peninsula, to Italy and Greece. This results in a very diverse and colourful collection of spirit beings, due to the many included Basque nature-spirits or Ireluak, the Spanish Duendes, the Celtic spirits of Brittany, the prankster Italian Folletti and the creatures from Greece.